CORSE

144 PHOTOGRAPHIES
en noir et en couleurs
1 carte in-texte (p. 100)

Imprimé en France
ISBN 2-7003-0192-7

1 à 3. Les Calanche de Piana et le golfe de Porto.

CORSE

Etienne LECA

CORSE

ARTHAUD

Très souvent, dans la nature, beauté et improductivité vont de compagnie. Elles diminuent ou disparaissent, toutes deux, avec l'intervention ingénieuse des hommes.

La chance de la Corse est d'avoir été longtemps délaissée.

Aujourd'hui, les bons esprits s'accordent à reconnaître qu'une île réputée pour la splendeur et la variété de ses paysages, l'enchantement de son climat (2 800 heures d'insolation par an à Ajaccio, 1 750 à Paris), les espaces vierges qu'elle conserve, est un capital infiniment plus précieux qu'une terre surpeuplée, recouverte de béton et polluée. Ce capital, on pourra désormais le mettre en valeur, à l'abri de l'anarchie qui a présidé partout ailleurs au début de l'expansion. Il est bon que la Corse n'ait pas essuyé les plâtres comme d'autres îles de la Méditerranée.

Pour vivre et fournir de quoi vivre, dans l'avenir, à toute une jeunesse qui refuse enfin de s'expatrier, on aura le souci de trouver des solutions harmonieuses. Nul n'oserait plus proposer l'aliénation exigée naguère encore pour prix d'une prospérité incertaine et inégalement répartie.

L'opinion, à ce sujet, s'avère malgré tout divisée. Vouloir que le pays obtienne sa juste part du développement économique de la nation française est une aspiration légitime. Il s'y ajoute, parfois, le sentiment d'une frustration profonde, à la suite de péripéties regrettables, d'où le problème corse a pris naissance sous sa forme nouvelle.

L'indifférence de l'Etat, si fréquemment évoquée, n'est pas un fait péremptoire. Sa maladresse, pourtant, ne peut être niée.

Ainsi lançait-il en 1957, avec les meilleures intentions du monde, un Plan d'action régionale. Deux sociétés d'économie mixte, la S.O.M.I.V.A.C., destinée à promouvoir l'agriculture, et la S.E.T.C.O., destinée à promouvoir le tourisme, s'employèrent dès lors à mettre sur pied les équipements nécessaires. Se tournant naturellement vers les choix les plus prometteurs, elles concentrèrent leurs efforts dans la plaine orientale pour l'agriculture et sur le littoral pour le tourisme. Elles n'y voyaient sans doute qu'un début. Mais un financement limité les contraignit, pour aller de l'avant, à l'abandon des projets concernant l'intérieur, coteaux et montagne. Il s'y trouvait plus de six mille exploitations agricoles, les ressources traditionnelles que sont la presque totalité de l'oléiculture et les trois quarts de l'élevage, l'accueil touristique enfin des stations de moyenne et de haute altitude, soit, pour ce dernier exemple, une aire d'activité s'étendant sur plus de la moitié du pays.

Le déséquilibre économique né de cette orientation apparut d'autant plus grave que, dans le même temps, les grands domaines de la plaine orientale passaient aux mains de nouveaux venus. Ils obtenaient d'emblée des facilités et une aide auxquelles les autochtones n'auraient jamais rêvé, tandis que les petites exploitations familiales des coteaux et de la montagne, tenues par des Corses, se mettaient à dépérir, farouchement concurrencées, comme s'amenuisait le cheptel des éleveurs insulaires.

Les uns et les autres eurent l'impression d'être dépossédés. Cette amertume se mua en colère à la découverte des spéculations et des fraudes commises par certains viticulteurs, pour la plupart non originaires du pays. A tort ou à raison, on leur reprochait non seulement d'accaparer les terres, de monopoliser l'aide des pouvoirs et des établissements publics, mais de jeter en outre le discrédit sur le vin et, par voie d'analogie, sur tous les produits corses. Un enchaînement malheureux conduisit finalement à la violence et à la tragédie.

En matière de tourisme, le développement, au nom duquel, hier, on prétendait obtenir des Corses le sacrifice des plus beaux sites au bord de la mer, l'abandon de leur tranquillité et l'acceptation de nuisances jusqu'alors inconnues, ce développement ne touche qu'une frange de la population. N'appartiennent en effet à des Corses que la petite et la moyenne hôtellerie. Comment lutteraient-elles avec les imposantes structures mises en place par d'importantes sociétés, dont quelques-unes sont multinationales ? Cette grande hôtellerie s'approvisionne principalement hors de l'île (on citait le cas, invraisemblable, de l'établissement qui recevait le pain par avion !), fournit au moindre besoin, possède ses propres boutiques, ses salons de coiffure et ses cabarets. La clientèle, pour sortir du cercle de facilité douillette et de consommation programmée où l'organisation l'enferme, doit fournir un effort de volonté auquel elle n'est que rarement disposée.

Le résultat est évident : une notable partie des sommes laissées par les touristes est réexpédiée aux sièges centraux des sociétés, en France continentale ou à l'étranger.

L'autre secteur important de l'économie insulaire est le bâtiment. La majeure partie des entreprises appartient à des Corses. Les emplois techniques et de maîtrise y sont plutôt tenus par des Corses d'adoption, vivant en Corse. Les études préparatoires et les plans sont très souvent confiés à des cabinets continentaux, empêchant par là même un profit global pour la Corse de cette activité en pleine expansion. De surcroît, par l'effet bien connu de l'entraînement des concours et des bons offices, des entreprises étrangères à la région sont de plus en plus nombreuses à y obtenir des marchés. Comme dans l'hôtellerie, les capitaux réunis pour ces opérations prendront immédiatement la fuite.

Agriculture, tourisme, bâtiment et travaux publics représentent, avec le commerce et l'artisanat, l'essentiel, sinon la presque totalité de l'activité économique de l'île. Son développement est visible dans les deux grandes villes dont l'accroissement est considérable depuis dix ans. Par ailleurs, l'abandon et le dépérissement des villages de montagne ne présentent pas l'image désolée que l'on pourrait craindre, car, partout, du nord au sud de la Corse, des maisons individuelles poussent à une cadence rapide, en contradiction avec le dépeuplement réel des localités.

Les intentions de l'Etat se sont traduites par diverses initiatives : la création de la mission interministérielle en 1966 et du Fonds d'expansion économique de la Corse en 1968 ; l'érection de la Corse en circonscription d'action régionale en 1970 ; l'adoption du Schéma d'aménagement en 1972 ; la Charte du développement en 1975.

Le gouvernement croyait toujours que les insulaires trouveraient le bonheur — ou penseraient le trouver — dans le maintien d'une étroite dépendance administrative de Paris, en livrant leur pays à l'invasion touristique, son béton et ses nuisances. Ainsi demanda-t-il à l'*Hudson Institute,* par l'intermédiaire de la Délégation à l'aménagement du territoire et à l'action régionale (D.A.T.A.R.), dans les années 70, une étude prospective sur les possibilités de développement de la région. Les conclusions de l'*Hudson Institute* prenaient si bien le contre-pied des théories officielles françaises que leurs lumières restèrent sous le boisseau et ne durent qu'à des indiscrétions, tardives mais inévitables, la révélation partielle des moyens imaginés en faveur de l'avènement d'une Corse qui retiendrait et retrouverait tous ses fils, grâce à une économie spécifique sortant du cadre de la planification nationale.

Quant à la Charte du développement, élaborée avec la participation étroite des insulaires, largement inspirée par eux, elle se tient à égale distance des projets de développement à tout prix et de ceux de repliement sur soi. Les deux tentations ont existé tour à tour. Hier, en ne songeant qu'à la progression ; aujourd'hui avec les justes craintes éprouvées pour la nature et l'environnement, la culture et l'identité corse.

Les moyens équilibrés envisagés par la Charte devraient mettre en œuvre des solutions satisfaisantes.

Il demeure que l'économie de la région aura longtemps la fragilité des échanges inégaux. La Corse est tributaire de l'extérieur et il ne semble guère possible que cette situation soit entièrement modifiée à court terme.

Pour y parvenir — l'agriculture et le tourisme n'y suffisant pas —, il faudrait implanter une industrialisation destructrice du cadre de vie. Le niveau intellectuel moyen des insulaires actifs, des jeunes surtout, les autorise à viser plus haut que le prolétariat d'usine. Force serait donc d'accepter une immigration massive rendant les Corses minoritaires dans leur propre pays. (La proportion des seuls travailleurs nord-africains, qui varie entre 8 et 10 % en France continentale, est déjà de 20 à 22 % ici.) Cette immigration, nul ne la souhaite.

L'un des éléments de la qualité de l'existence dans l'île est justement la faible population. Il y a 241 000 habitants pour 8 721 kilomètres carrés, soit 28 habitants au km^2 (96 en France continentale). Ces chiffres constituent un handicap économique. Ils représentent, en revanche, une condition de vie particulièrement agréable et d'une exceptionnelle potentialité.

Le peuple corse, dans son perpétuel devenir, a subi des influences psychologiques nombreuses. D'exister sur une terre si nettement délimitée par la mer mais également très compartimentée, il est à la fois porteur d'unité et de diversité. Dans une étude fort pénétrante publiée en 1929, le professeur Paul Arrighi montrait les infinies nuances, les « délicates irisations » de l'âme corse. Celle-ci a peu changé, ou plutôt elle change en demeurant fondamentalement la même. L'empreinte française est plus appuyée de génération en génération, mais elle suscite aussi une brutale réaction de la culture corse, proclamant son droit à la libre expression et son refus de se laisser absorber.

Cette culture et cette identité s'affirment en premier lieu, et sans contestation valable, par la survivance, l'usage et, désormais, l'enseignement de la langue maternelle des insulaires. Car le corse est véritablement une langue, une langue romane et non pas un dialecte italien comme on l'a trop souvent prétendu, par dédain malveillant, centralisme autoritaire, ou par simple ignorance. Sœur de la langue italienne, et non pas fille, la langue corse est née elle aussi du latin, mais sur place. Il ne s'agit en aucune façon de la dégénérescence d'un produit d'importation, latin mis à part. Marcel Proust disait que le français n'était après tout que du mauvais latin déformé par des bouches gauloises. Le corse est vraisemblablement du mauvais latin — celui des soldats et des colons — déformé par des bouches qui avaient usé d'un idiome sans doute moitié grec et moitié ligure. Un grand nombre de mots corses actuels sont beaucoup plus proches du latin que les mots italiens correspondants.

Il n'y a pas à s'en étonner. Malgré tous les apports linguistiques successifs, l'insularité a forcément joué dans ce domaine aussi. Les Romains viennent en Corse dès le IIIe siècle avant Jésus-Christ. Ils trouvent donc ce parler ressemblant, croit-on, au ligure, mais fortement imprégné de grec. Il y a déjà trois cents ans, en effet, que les Phocéens ont pris pied dans le pays. A la veille de notre ère, du fond de son exil en Corse, Sénèque écrit, au sujet de l'idiome des Corses, qu' « il s'est altéré dans le commerce des Grecs et des Ligures ». Il reconnaissait ainsi l'existence d'une langue originale en évolution. Pendant les six siècles de la présence romaine, le latin s'impose fatalement. Le chroniqueur corse Petru Cirneo, vers 1500, employait la langue latine et prétendait qu'elle était couramment parlée dans l'île.

Quand les Toscans arrivèrent, ils entendirent peut-être une langue populaire très proche de la leur, mais plus près du latin. Une évolution comparable des deux parlers a pu se poursuivre par la suite, leur ressemblance s'expliquant fort bien par une origine commune et surtout par les relations ininterrompues entre les deux rives nord de la mer Tyrrhénienne.

Des termes et des tournures typiquement corses subsistèrent, cependant, non seulement dans les registres des notaires jusqu'au moment où l'emploi du français devint obligatoire, mais aussi dans les écrits d'un clerc tel que l'historien du XVe siècle Giovanni della Grossa. Comme les autres langues toujours en usage dans la rue, le corse a subi d'innombrables influences. Il n'y a pas de meilleure preuve de sa vitalité. Ainsi, en plus des parlers italiens (toscan, génois, napolitain, sarde), l'arabe et l'allemand eux-mêmes, dans leur contact avec le pays, l'ont enrichi de plusieurs mots. L'influence du français, il va de soi, est également très sensible.

La prétention du corse à être une langue à part entière s'est vu objecter l'absence de littérature écrite antérieure au milieu du XIXe siècle, et les différences qu'il comporte selon les régions de l'île où il est parlé. Le premier point s'explique par le fait que tous les jeunes gens désireux d'entreprendre des études supérieures avant la création de l'éphémère université de Corti, en 1765, devaient obligatoirement se rendre en Italie et utiliser la langue italienne. Quand l'un de ces lettrés avait à s'exprimer par écrit, il le faisait naturellement en italien. Tous les écrits rédigés dans l'île le sont donc en un toscan, dont on s'aperçoit, aujourd'hui, qu'il était élégant et châtié. En outre, les grands auteurs italiens, Dante, Pétrarque, mais surtout l'Arioste étaient familiers à une assez large partie de la population corse. Les voyageurs étrangers du XVIIIe et du XIXe siècle disent leur étonnement d'entendre réciter, dans d'humbles foyers, de longs passages d'*Orlando Furioso*. Que la culture et la langue corses aient été préservées malgré ces circonstances montre leur puissant enracinement et leur solidité.

L'argument de la multiplicité des parlers à l'intérieur de la Corse n'a pas beaucoup plus de consistance. En effet, il s'agit moins de différences de structures que de différences de prononciation et d'accent, comme il en existe en chaque pays, en France continentale, par exemple, entre les Provençaux et les Lillois. Il y a bien plus de différences entre les divers dialectes italiens. Un Génois employant son dialecte en Toscane ou dans une autre région de la péninsule n'est absolument pas compris. De même un Napolitain ou un Sarde s'en tenant à son idiome maternel hors de chez lui. Un Corse en Corse, d'où qu'il soit et où qu'il s'exprime, est parfaitement bien compris. Les insulaires éprouvent même un certain plaisir, comme à une variation musicale, d'entendre parler leur langue avec l'accent d'une autre région que la leur.

L'outil indispensable au maintien et au développement de cette culture originale, dans laquelle la personnalité insulaire peut atteindre son plein épanouissement, était la création de l'université de Corse. Affrontant le scepticisme ironique et la dialectique paternaliste des opposants — parmi lesquels, hélas ! certains Corses nantis ou conditionnés — des hommes et des femmes de bonne volonté ont réclamé pendant des années l'institution de cet enseignement supérieur sur place, pour des jeunes gens si nombreux à le demander, jusqu'à maintenant, aux facultés de France continentale. Il est intéressant de savoir qu'auprès des enseignements traditionnels complets, l'université de Corti offrira des cours de langue et civilisation corses, un Institut méditerranéen des sciences et techniques. La recherche y aura une place importante, de même que la formation permanente.

A l'opposé des sombres mises en garde péchant surtout par manque d'imagination, l'université de Corti ne sera certainement pas cet écran bornant la vue sur le monde extérieur, dont on menace si injustement la jeunesse insulaire. Elle lui fournira, au contraire, des occasions mieux adaptées à sa nature profonde, à sa culture, de multiplier les contacts et les échanges avec des représentants de la jeunesse et des cultures du monde entier.

Rassuré sur la défense de ses valeurs traditionnelles et sur la protection de son île, assuré de son identité et de son droit à la différence, le Corse redevient l'être le plus passionné envers la France et le plus accueillant à tous.

GÉOLOGIE ET GÉOGRAPHIE D'UNE ILE

La Corse a sans doute émergé à l'ère tertiaire, au cours de la longue période du Paléocène, quand s'est ouvert le bassin de la Méditerranée occidentale, il y a environ de 65 à 53 millions d'années. Des éléments d'une existence rocheuse beaucoup plus ancienne subsistent. On les trouve sur la côte ouest, où les terrains primaires sont représentés par des schistes luisants, un calcaire gris, avec fossiles du carboniférien supérieur, et par des terrains houillers.

A vrai dire, il importe peu. Ce n'est pas l'ancienneté du relief actuel qui frappe les géologues, mais, au contraire, son extrême jeunesse. Les hautes murailles abruptes des massifs montagneux, dont les plus élevés sont constitués de roches éruptives, donnent, dès le premier regard, l'impression d'un soulèvement gigantesque. On imagine tout de suite — et la science le confirmera — des mouvements du sol, un bouillonnement tellurien se succédant d'âge en âge jusqu'au début du quaternaire, au point de faire jaillir vers le ciel une île que les contrastes de ses paysages, les variétés de son climat, les richesses de sa flore, l'altitude de ses sommets toujours à courte distance des plateaux et des plaines, ont justement fait comparer à un continent en miniature.

D'être une île, la Corse l'éprouve avec infiniment plus de bonheur que de gêne — quoi qu'on prétende — à chaque respiration et à chaque battement de cœur. Le fait insulaire impose, conditionne, explique tout ce qui, de près ou de loin, a concerné et concerne le pays.

Cette île ne surgît du reste qu'en faible partie hors de l'eau. Son socle immergé s'enfonce à l'ouest et au nord, notamment jusqu'à plus de deux mille mètres de profondeur. Ainsi, de récents travaux ont-ils révélé une Corse sous-marine beaucoup plus vaste, avec le fleuve Liamone continuant son parcours pendant des lieues et des lieues, de même que la Gravone, le Porto, le Rizzanese.

« Une montagne dans la mer. » Depuis que Friedrich Ratzel, dans une étude traduite en français en 1898, voulut donner par cette formule une description lapidaire de la Corse, elle fut inlassablement reprise par tous les auteurs. Description à peu près juste pour un géographe. Description fausse, également, et devenue assez agaçante. Dépeindre la Corse comme « une montagne dans la mer » est inexact, dans la mesure où cette image tend à exclure tout ce qui n'est pas escarpement, gouffre et nudité du sol. Que l'on prenne pied sur cette terre au nord, à Bastia, ou au sud, à Ajaccio, le premier accueil et les premiers sourires seront ceux de la plaine, des palmiers, des eucalyptus et des lauriers-roses. On est d'abord frappé par l'épaisseur de la végétation et la douceur du paysage, avec laquelle contraste, là-bas, dans le fond du décor qui en tire son originalité et sa splendeur, les pics neigeux de la grande chaîne montagneuse se perdant dans le ciel bleu en dégradés successifs.

Cette chaîne principale sépare la Corse en deux parties du couchant et du levant. Pisans et Génois, pendant des siècles, distinguèrent ainsi la Corse de l'En-deçà des Monts (*Banda di Dentro,* ou *Di qua dai Monti*) par rapport à l'Italie, c'est-à-dire la Corse schisteuse de l'Est, et l'Au-delà des Monts (*Banda di Fuori* ou *Di là dai Monti*), c'est-à-dire la Corse cristalline de l'Ouest. De même voulaient-ils distinguer deux formes de société.

Séparation commode, mais qu'une certaine unité de caractère et de tempérament du peuple corse infirme dans la plupart des circonstances historiques, quand ce n'était dans la vie quotidienne. On a voulu expliquer par la géographie, ici comme ailleurs, les différences existant partout entre régions voisines. On s'est souvent trompé. A y regarder de plus près, sans préjugé, on s'aperçoit que les mille traits communs aux deux versants et à leurs populations respectives sont infiniment plus prononcés que les traits distinctifs. Cela s'inscrit dans le sol même, très lisiblement. On trouve des roches cristallines en grand nombre dans la Corse schisteuse et, comme nous l'avons vu, des roches schisteuses sur le versant occidental. La Corse ne se prête à aucune simplification. Elle est à la fois une et multiple. « C'est un véritable laboratoire de minéralogie » disait un auteur du XVIIIe siècle en parlant du haut plateau du Niolo. Il aurait pu le dire de l'île entière, et par là révéler l'un des secrets de sa beauté incomparable.

S'étendant du nord au sud, avec une seule courbure qui forme, à l'ouest, le haut plateau du Niolo, la grande chaîne montagneuse prend naissance aux abords de la Balagne par le Monte Grosso (1 398 m). Elle s'élève rapidement avec le Monte Padro (2 393 m). Toujours en direction du sud, le Cinto (2 710 m) est le sommet culminant de l'île. Puis surgissent le Paglia Orba (2 523 m) et le Tafonato (2 343 m), le Monte d'Oro (2 389 m), le Renoso (2 357 m), l'Incudine (2 136 m). Enfin, la grande épine dorsale de la Corse, parvenue non loin de Bonifacio, à l'extrême sud, descend à son niveau le plus bas avec les Monti di a Trinità qui n'ont plus que quelques centaines de mètres de hauteur.

Il convient de signaler la présence d'une importante dépression centrale, au milieu de laquelle se situe la ville de Corti. Là, le sol est largement recouvert de sédiments qui sont autant de témoins des mouvements subis au cours des révolutions géologiques, dont les plus anciennes remonteraient aux manifestations orogéniques du cycle alpin.

Une carte en relief montrerait d'autres massifs montagneux, surtout dans la partie occidentale. Perpendiculairement à la chaîne centrale, des chaînes transversales, disposées en arêtes de poisson, viennent compartimenter encore le pays en de nombreuses vallées au fond desquelles rivières et fleuves coulent vers la Méditerranée à l'ouest, vers la mer Tyrrhénienne à l'est.

Il est indéniable qu'un tel relief a rendu les communications difficiles et a favorisé le repliement sur soi de chaque cellule sociale vivant entre ces hautes montagnes, à l'écart des autres groupes. Mais il semble, aujourd'hui, que l'on ait beaucoup exagéré les effets historiques et sociaux de ces barrières naturelles. Les Corses, dont les plus lointains ancêtres parcouraient l'île en tous sens, comme le prouvent les échanges commerciaux qu'ils avaient avec l'extérieur, n'abandonnèrent jamais, même au temps des plus grands dangers venus du large, leurs courses incessantes à travers monts et vallées. De la plus haute antiquité — de la préhistoire, même, pense-t-on depuis peu — jusqu'à l'époque moderne, ils ne cessèrent de maintenir entre eux des relations. Parfois tumultueux, ces contacts traduisaient, dans la paix revenue, le besoin toujours renaissant de voyager, de connaître d'autres visages, de parler, d'échanger, plus tard de vendre et d'acheter des marchandises. Un artisanat relativement spécialisé par région (chaussures à Ajaccio, manufacture de drap à Vico et Casamaccioli, ébénisterie à Orezza, fabrique d'aiguilles à coudre à Sisco, pâtes alimentaires à Bastia, torches à Asco, buis taillé à Nocaria, etc.) dont les produits étaient cependant répandus très largement, prouve que le cloisonnement géographique n'était pas un bien grand obstacle.

Les premiers indices de la présence de l'homme en Corse reculent sans cesse dans le passé. Lors de fouilles de niveaux datés de 80 000 à 60 000 ans avant J.-C., à l'est du Cap, on a mis au jour des traces de foyers dont la disposition régulière, le voisinage logique, les débris de cervidés réunis auprès d'elles en tas épars, comme s'ils avaient été récoltés, ne semblent pas dus au hasard.

Les spécialistes hésitent, néanmoins, à induire de ces traces l'existence certaine d'une humanité moustérienne sur ce sol. D'autant plus qu'il n'a encore été découvert aucun vestige, si mince qu'il fût, des quelque 73 à 53 millénaires qui suivirent. Mais, comme l'a écrit M. Roger Grosjean à ce propos : « La grande découverte qui reste à faire en Corse est la détermination scientifique de l'homme pendant une ou plusieurs époques du Paléolithique, ce qui, excepté encore en Sardaigne et aux Baléares, devient banal partout ailleurs. »

A l'époque prénéolithique, en revanche, la présence certaine de l'homme en Corse est maintenant attestée par les travaux récents des préhistoriens de Lanfranchi et Weiss. Près de Bonifacio, dans l'abri d'Araguina-Sennola, ils ont exhumé le squelette entier, en parfait état de conservation, sans fossilisation des ossements, d'une jeune femme ayant vécu au VIIe millénaire avant notre ère. Le corps mesurait environ 1,55 m. Il avait été recouvert d'une matière brun rouge, « selon un rite maintes fois noté dans les civilisations préhistoriques ».

Près de Levie, ces archéologues ont fouillé le site de Curacchiaghiu. Comme à Bonifacio, ils y ont trouvé la confirmation d'un peuplement prénéolithique. La découverte de nombreux éclats de roche façonnés en outils autorise à évoquer une civilisation de la pierre taillée.

Ces lointains ancêtres des Corses vivaient de la cueillette, de la chasse et de la pêche, se réfugiaient dans des abris naturels durant la nuit et par mauvais temps. La fouille scientifique d'Araguina-Sennola (chaque couche de sol est fouillée centimètre par centimètre) a permis à MM. de Lanfranchi et Weiss d'isoler 18 grands niveaux archéologiques, au total 53 strates, allant du Néolithique récent au Prénéolithique, c'est-à-dire « un résumé de l'histoire de la Corse des origines à l'âge du fer ».

Les grands groupes humains du VIIe millénaire avant notre ère, selon les préhistoriens cités, devaient être autochtones. Mais, dès le Néolithique ancien, du sixième au cinquième millénaire, la Corse devient un relais de la navigation dans la Méditerranée occidentale et elle reçoit de l'extérieur un apport de population. La poterie décorée fait son apparition, ainsi que l'obsidienne, roche qui n'existait pas à l'état naturel en Corse et fut vraisemblablement importée de la Sardaigne voisine. Que l'on ait pu en découvrir, datant de cette époque, dans le nord et au centre, prouve, comme il est dit plus haut, que ces insulaires du Néolithique parcouraient leur pays, ou du moins qu'ils avaient tous des relations avec l'extérieur.

Mille ans s'écoulent à partir de ces premières civilisations, et voici l'apparition de l'agriculture et de l'élevage. Dès lors la population nomadise, derrière ses troupeaux de chèvres, à la recherche de nouveaux pâturages résultant des incendies de forêts et au rythme des saisons : l'été à la montagne, l'hiver sur le littoral. L'absence de fortifications autour des villages prouve qu'ils vivaient en paix. Les navigateurs qui font escale, dans l'abri sûr des golfes de l'île, sont accueillis et peuvent, en toute sécurité, se livrer au troc. La cérémonie, dont non seulement les ethnologues mais les biologistes aussi affirment qu'elle fut de tout temps un besoin pour l'humanité, est célébrée pour les funérailles. Les morts sont inhumés avec leurs parures et des provisions suffisantes pour les nourrir au cours de leur passage dans l'au-delà. Ainsi la croyance en la vie éternelle se trouve-t-elle attestée.

Du Néolithique moyen au Néolithique final (Ve-IIe millénaire avant notre ère), les Corses vont être soumis aux pressions du dehors. Pour la première fois vont apparaître ici et là, dans l'île, des cultures étrangères qui ne seront pas assimilées par les autochtones. Alors, après des milliers d'années de paisibles allées et venues entre la montagne et la mer, ces derniers vont prendre leurs distances, se réfugier sur les hauteurs, dans des lieux de plus en plus inaccessibles. « C'est le début, écrit M. Roger Grosjean, de la longue marche des Corses vers leurs perpétuels abris. »

4. L'anse de Recisa

5. Calvi. La citadelle
6. Voilier à Lozari

7. L'embouchure de l'Ostricani et le désert des Agriates →

ACCIO
AJ 789

8. *Le port de Centuri*
9. *Vacances à la Chiappa*

10. *Avant l'orage*

Entre temps s'était implantée la civilisation mégalithique, dont l'apogée se situe entre le IIIᵉ et le début du IIᵉ millénaire. Dolmens et menhirs, que la langue corse désigne sous les noms de *stazzone* et *stantare,* forment des alignements en diverses régions du pays. Tournés vers l'est, de dimensions souvent considérables, généralement situés sur un mamelon ou sur un tertre, ces mégalithes — dont beaucoup ont été détruits au cours des âges — servaient de sépulture, de monuments érigés à la mémoire des défunts et sans doute, selon M. Roger Grosjean, de lieu de cérémonies.

Pendant des siècles, les menhirs deviennent l'objet d'un travail de plus en plus élaboré. Ils n'étaient que pierres dressées au début du IIIᵉ millénaire, puis évoluent vers l'anthropomorphisme. « D'abord simple silhouette humaine matérialisée par un dos arrondi, un méplat ventral et un sommet en capuchon », le menhir prend peu à peu l'aspect d'une statue dont la tête seule est dégagée des fûts de pierre évoquant le corps du personnage. « Sans modèle et sans maître venant de l'extérieur, d'après M. Roger Grosjean, cet art est unique et n'est représenté nulle part ailleurs sous la forme et avec l'iconographie existant en Corse. »

Mais les envahisseurs avaient fait leur apparition — nous l'avons vu — et apporté l'usage du bronze et du fer. C'est contre eux que les mégalithiques autochtones avaient dû se battre pour défendre leur territoire : ils ne l'abandonnèrent qu'après avoir été vaincus. Des vagues successives déferleront désormais vers la Corse, d'origine ibérique à l'ouest, ligure au nord, phénicienne à l'est, nord-africaine au nord et au sud. La civilisation torréenne — ainsi dénommée à cause de la centaine de monuments, aujourd'hui dénombrés, qui ressemblent aux *Nuraghi* de Sardaine, mais en diffèrent assez pour recevoir un nom spécifique — est introduite dans l'île dans de telles circonstances. Les vestiges des Torréens sont des constructions circulaires, d'un diamètre variant entre 10 et 15 mètres, d'une hauteur variant entre 3 et 7 mètres. Là encore, il s'agit de monuments cultuels. Ils ont été construits entre 1500 et 1200 avant J.-C. Le site archéologique de Filitosa, découvert, mis au jour et commenté par M. Roger Grosjean, est sans conteste, par son originalité et par sa richesse, l'un des hauts lieux de la protohistoire occidentale.

LES ROCHES

Le granite et la granulite sont les roches les plus abondantes de la Corse. Elles présentent plusieurs variétés porphyroïdes et renferment de l'amphibole et du mica. Quand elles forment des enclaves, elles sont le produit d'une constitution antérieure à la consolidation. Micas et amphiboles, dans ce cas, n'ont pas été refondus avec le magma.

La granulite de l'île comprend à profusion des minéraux qui sont ailleurs d'une assez grande rareté : astrophyllite, zircon, fluorine. On les trouve notamment dans le nord-ouest de la Corse, mais aussi plus au sud. Les îlots des Sanguinaires, par exemple, montrent parfaitement une granulite rouge qui se détache sur la diorite sombre et le granite gris, autres éléments constitutifs de ces rochers.

Les porphyres existent en Corse dans toutes leurs variétés, sur la côte occidentale, au nord de Porto. Ils forment la presque totalité des plus hauts sommets (Monte Cinto, Monte Padro, Paglia Orba), tandis que les autres montagnes de la chaîne centrale (Monte Rotondo, Monte d'Oro, Incudine) sont des protogines.

A Girolata, Curzo, Galeria, Marzolino, on trouve l'eurite globuleux de teinte rouge ou jaune. Dans les gorges de la Restonica, aux environs de Corti, un porphyre gris-vert orne les bords de la rivière. La route de Quenza à Zonza a été ouverte dans un porphyre jaune chamois. Porphyre noir tacheté de rose à l'Ospedale.

Les granites sont d'une beauté éclatante. On en distingue plusieurs variétés : le granite rouge à Evisa, Poggiolo ; rouge de corail à Campolaï ; violet entre Renno et Seve ; rose à Carbuccia, Porto, Calacuccia ; rose, gris et vert (feldspath rose, quartz gris, mica vert) à Algajola. Le soubassement de la colonne Vendôme et celui de l'obélisque de la place de la Concorde furent tirés de cette carrière. Granite rose clair entre Afa et Listincone. Rouge sombre à Appietto. Rouge foncé avec grenats (andradites) dans le lit du torrent de la Sellola, entre Bocognano et Vizzavona. Noirâtre (syénite) à Olmeto, Levie, Mela. Granite bleu dans la Spelunca.

La syenite (feldspath et amphibole) de Matoni, colline d'Alata, près des ruines du château, à 600 mètres de l'embranchement du col de Pruno, a de très jolies teintes rose chair, rose saumon et vert d'herbe.

Les serpentines. Le cap Corse et le versant oriental de l'île contiennent des centaines de gisements de serpentine. On distingue plusieurs variétés. Le gisement de Marcolino, à l'extrémité du cap Corse, contient une roche vert sombre avec des incrustations aux teintes de laiton, comme parsemée d'or.

L'euphotide. Ce gabbro est le fameux « verde di Corsica », ou « verde d'Orezza ». D'après Gueymard, la pierre verte d'Orezza était connue par les Romains. En tout cas, elle fut recherchée par les artistes de la Renaissance, comme en témoignent, à Florence, les tombeaux des Médicis. L'euphotide d'Orezza (à vrai dire, ses plus belles variétés se trouvent dans le lit des torrents qui descendent du Monte Muffrate et de la Punta di Caldane, à la limite des vallées d'Orezza et d'Alesani) est d'une teinte que les peintres appellent le « vert anglais », plus ou moins foncé, avec toutes les nuances de l'herbe.

Les Jaspes, agates, opales. Incorporés dans le granite ou le porphyre, les jaspes se trouvent dans le pays d'Asco et dans le Niolo. Dans la vallée de l'Asco, aux alentours de Crocetta, on trouverait sans doute encore des opales irisées et des agates.

LES MARBRES blancs d'Ortiporio et de Borgo de Gavignano ont pu être comparés à ceux de Paros et de Carrara. Le marbre blanc qui a été utilisé pour décorer la façade de l'Opéra de Paris provient des carrières du Bevinco.

L'ALBÂTRE que l'on trouve en Corse est jaune ou jaune foncé aux environs de Bastia, dans la vallée de Santa Lucia. Il est blanc dans la grotte de la Focaja, au fond du golfe de Girolata.

LES ARDOISES. On les trouve à Olmeta-di-Capo Corso, Erbalunga, Sisco et sous Guaitello, dans le territoire de Ville-di-Pietrabugno.

L'AMIANTE se rencontre dans tous les massifs de schistes lustrés, au nord-est de l'île. Il a été largement exploité à Canari, dans le cap Corse.

LA PIERRE À CHAUX se trouve aussi dans les zones de schistes lustrés.

LA PIERRE À PLÂTRE, seulement dans la région du col de San Quilico.

LA DIORITE ORBICULAIRE. Il faut faire une place à part à cette roche très ancienne, qui n'a jamais été trouvée qu'en Corse, d'où le nom de « corsite » qui lui est généralement donné. Il s'agit d'un gabbro à amphibole. Son gisement était situé à 2 km au sud de Santa Lucia di Tallano, au bord du chemin grimpant vers le col situé entre le Monte Piano Maggiore et la Punta Campolaggia. Il occupait le haut du ravin qui, du col, descend vers le Fiumicicoli. Le gisement est d'ailleurs indiqué avec précision sur la carte « Corse-Sud » au 1/100 000 de l'Institut géographique national.

Pourquoi parler de ce gisement au passé ? Parce qu'il est presque complètement épuisé à force d'avoir été fouillé, pillé par tous les passants, dont la plupart venaient exprès en ce lieu pour se procurer cette pierre étrange. Il y a quelques années, enfin, des Allemands ont creusé le sol et enlevé ce qui restait. L'art de travailler la diorite est connu depuis très longtemps. Napoléon faisait tailler toutes sortes d'objets dans cette roche (plateaux, boîtes, montures de miroirs, etc.). Pour exécuter une commande, l'artisan corse d'aujourd'hui doit réimporter d'Allemagne la pierre nécessaire.

La diorite de Tallano se présente sous l'aspect d'une pierre vert foncé, presque noir (le magma), dans laquelle sont noyés des orbes de dimensions et de nature diverses. Orbes sphéroïdaux, très réguliers, généralement espacés les uns des autres d'un centimètre ou deux. La corsite la plus recherchée est évidemment celle qui comporte des orbes de dix à quinze millimètres de diamètre à contour sphéroïdal presque jointif. L'intervalle laissé libre entre ces cercles est rempli par l'amphibole. Une autre variété de diorite orbiculaire comporte des globules beaucoup plus gros, entre 50 et 60 mm, dessinant des cercles blancs d'aspect nacré, qui se détachent sur le fond vert noir du magma enveloppant.

Enfin, une troisième variété est d'une structure plus parfaite encore. Ici l'amphibole entre dans la composition de la roche dans la même proportion que l'anorthite, mais elle prend une forme immuablement régulière dans son originalité : un noyau central et une couronne périphérique. Les orbes ont de 12 à 15 mm de diamètre et sont de même composition que le magma enveloppant. La couronne, dans laquelle l'anorthite est disposée en lames de cristaux, est d'une épaisseur de 8 à 12 mm. Le gisement de diorite orbiculaire, cette pierre unique, jamais vue ailleurs, a été, hélas, victime du libéralisme, de l'hospitalité et de la longanimité des Corses.

Il existe plusieurs mines en Corse. Mine de fer à Farinole et Olmeta. Manganèse à Valle-di-Campoloro. Antimoine à Luri-Castello, à Meria et à Ersa. Plomb et zinc à Argentella, Monticello et à Prato. Cuivre à San Agostino, Ponte-Leccia, Linguizetta. Pyrite à Cardo et Lancone.

LES EAUX MINÉRALES

Les eaux minérales de Corse sont abondantes et particulièrement remarquables par la puissance de leurs effets thérapeutiques reconnus. Déjà utilisées dans l'antiquité classique, elles ne disposèrent pourtant jamais d'infrastructures commerciales suffisantes.

Le professeur Jean Pieri, de la faculté de médecine de Marseille, a donné dans l'un de ses ouvrages les meilleures indications que l'on puisse trouver, parmi de nombreuses études, sur les stations de l'île (Jean Pieri : *La Thérapeutique hydro-climatologique en pratique médicale.* Paris, Librairie des Facultés, 1967).

Eaux sulfureuses et eaux ferrugineuses. Certaines des premières sont sodiques, d'autres calciques. En tête, le professeur Pieri place la station de Pietrapola. Elle comprend dix sources hyperthermales à 55°. Ces eaux ont comme indications : « Séquelles de traumatismes osseux ou ostéo-articulaires, arthrites et périarthrites, raideurs articulaires, lymphatisme, dermatoses, affections des voies respiratoires supérieures. Accessoirement : affections génito-urinaires (métrites et cystites). » Viennent ensuite : Guagno. Eaux sulfureuses sodiques hyperthermales de 38° à 49°. Deux sources ayant les mêmes indications que celles de Pietrapola. Guitera : 45°. Aux indications données pour les deux stations précédentes, le professeur Pieri note, accessoirement, que l'on peut envoyer à Guitera « les sujets atteints de troubles de la circulation veineuse ». Baracci : semblable aux stations précédentes, « y ajouter la goutte en dehors de la période aiguë, et les dyspepsies gastro-intestinales ». Urbalacone : « Voies respiratoires supérieures, rhinites, laryngites et pharyngo-trachéites, arthralgies et arthrites des sujets excitables. Certaines dermatoses... » Caldaniccia : « Indications semblables à celles d'Urbalacone. » Caldane di Tallano : 40°. Indications : « Rhumatismes chroniques, dermatoses... pharyngites et laryngites, affections gynécologiques, cystites. »

Les eaux sulfurées calciques se trouvent à Puzzichello : 17°. Indications : « Affections de la gorge et du nez, bronchites chroniques, asthme, rhumatismes chroniques, dermatoses (surtout eczéma sec, prurigo, psoriasis, pityriasis, ulcérations chroniques et variqueuses, affections génito-urinaires). » Contre-indications : « Affections aiguës, tuberculose, lésions cardiaques. » Dans des cas rebelles de dermatoses, la source de Puzzichello a produit de véritables miracles.

Les eaux ferrugineuses se trouvent à Orezza et dans la région. De nombreuses sources donnent des eaux ferrugineuses, manganésiennes, gazeuses, bicarbonatées froides acidulées : 13°. « Elles contiennent 0,126 de carbonate de fer par litre, *dose qui n'est atteinte par aucune autre station en France...* » Indications : « Anémies... Névropathies sans substratum organique, dépressions nerveuses. Affections gynécologiques... Convalescence. Quelques contre-indications (tuberculose, hypertension, cardiopathie). »

D'autres eaux minérales : Ornaso, eaux bicarbonatées calciques, légèrement ferrugineuses. Indications : « Dyspepsies gastro-intestinales et hépatiques. » Dirza : eaux faiblement minéralisées, radio-actives froides, 11,7° ; « peuvent servir d'eau de table ».

LE CLIMAT

Tout le monde sait qu'à latitude égale, les îles jouissent d'un climat plus tempéré et plus régulier que celui du continent voisin. En Corse, la situation en Méditerranée occidentale entre l'Europe et l'Afrique, la brise de mer pendant l'été, les vents chauds du sud pendant l'hiver adoucissent encore les températures qui ne subissent jamais les mêmes écarts qu'en terre ferme.

Il n'y a pas un climat de la Corse, mais plusieurs climats. La montagne s'élève très rapidement au-dessus du niveau de la mer. La température change selon l'altitude. Elle est chaude, de mai à septembre sur le littoral. Une seconde zone tempérée s'étage entre 200 et 600 mètres, qui est la limite des oliviers. Entre 600 et 1 800 mètres le climat, toujours tempéré, est vivifiant et très salubre. On l'a comparé au climat des Pyrénées-Orientales à même altitude. Enfin, le climat des pâturages d'été, au-dessus de 1 800 mètres, est exposé aux vents et assez froid.

Sur le littoral, dans la plaine, l'automne et le printemps sont presque inexistants. On passe directement de l'hiver à l'été. La régularité des quatre saisons réapparaît au-dessus de 600 mètres d'altitude. A ces trois zones climatiques, il convient d'ajouter les micro-climats. Dans la plaine de Campo dell'Oro, par exemple, moins protégée par les montagnes qu'Ajaccio, la température est toujours inférieure d'un degré à celle du centre et de l'ouest de la ville.

Il n'y a que 65 à 75 jours de pluie, selon les années, sur le littoral. Il y en a entre 115 et 125 à partir de 600 mètres d'altitude. Ainsi, du 15 mai au 15 août, il ne pleut généralement pas, en Corse, abstraction faite de quelques orages d'été éclatant surtout au-dessus de 600 mètres. Mais l'île reçoit des précipitations abondantes. Il tombe en montagne plus d'un mètre d'eau chaque année. Quelques très grosses averses suffisent. Il ne pleut pas souvent : il pleut beaucoup à chaque fois.

LA FLORE

Les botanistes ont toujours été frappés par le nombre élevé des espèces végétales recensées en Corse. Nul autre pays, selon certains, n'offrirait autant de variétés sur un espace aussi restreint. Plus de la moitié des espèces que l'on trouve ici sont communes aux autres régions méditerranéennes d'Europe ; un tiers environ comprend des espèces communes à la Corse, à la Sardaigne et à l'Afrique du Nord. Cela laisse encore place à des variétés endémiques n'appartenant qu'à la Corse, qui n'entrent que dans une proportion de 10 % en plaine et en moyenne altitude, mais qui représentent plus de la moitié de toute la flore au-dessus de 1 800 mètres.

LE MAQUIS (*a macchia*) donne à la Corse son parfum. Il en est aussi l'une des parures. Toujours vert, parsemé de fleurs aux couleurs éclatantes au printemps, il est composé d'un assemblage souvent inextricable d'arbustes hauts de deux à cinq mètres, à feuillage permanent : bruyère arborescente *(scopa),* lentisque *(listincu),* arbousier *(albitru),* yeuse *(licciottu),* buis vert *(bussu),* genévrier *(ghjneparu),* laurier *(orifogliu),* ciste *(mucchiu),* myrte *(mortula),* auxquels se mêlent des plantes sauvages également parfumées : la lavande *(murzu),* le thym *(timu),* le fenouil *(finocchiu),* le romarin *(rosumarinu)...* Revivant le paradis perdu de son enfance corse, Napoléon, à Sainte-Hélène, disait qu'il reconnaîtrait la Corse les yeux fermés, à son parfum, et il ajoutait : « Tout y était meilleur et plus beau qu'ailleurs. »

LA FORÊT corse a toujours fait l'admiration des voyageurs. Elle a donné son nom à ce pays, comme nous le verrons plus loin. Elle est certes en régression depuis le XIXe siècle. Des incendies tragiquement ravageurs, des coupes souvent excessives, la destruction des jeunes pousses, naguère encore, par le libre parcours des troupeaux de chèvres heureusement en très forte diminution de nos jours, ont réduit à 142 000 hectares les forêts soumises à l'administration ou au contrôle de l'Office national (forêts domaniales, départementales, communales). Il faut y ajouter 40 000 hectares appartenant à des particuliers (mais y compris les maquis arborescents pour ce dernier nombre) et 35 000 hectares de châtaigneraies.

Les essences se répartissent ainsi : pin lariccio 26 % ; pin maritime

20 % ; chêne, hêtre 22 % ; chêne-liège, frêne, orme, bouleau 5 %.

Une variété de pin lariccio (*pinus laryx corsicana*) est particulière à la Corse. Les fûts peuvent atteindre 50 mètres de hauteur. Au temps de la marine à voile, la forêt corse possédant cet arbre qui se prêtait si bien à la confection des mâts était l'objet de nombreuses et ardentes convoitises.

LA FAUNE

Les mammifères sont ici, à quelques différences près, ceux des pays continentaux voisins. Plusieurs auteurs d'autrefois ont prétendu qu'il y avait des ours dans l'île. On est tenté d'en rire et l'on croirait volontiers qu'il s'agit d'une erreur transmise de l'un à l'autre, sans vérification, comme c'est souvent le cas, si les vieux chroniqueurs corses, notamment Filippini, au XVIe siècle, n'en avaient parlé eux aussi. En tout cas, les ours — s'ils existèrent en Corse — ont disparu depuis au moins trois cents ans.

En revanche, le mouflon est, dans l'une de ses espèces — *ovis musimon corsicanus* — particulier à la Corse. Des réserves aménagées en haute montagne permettent maintenant au mouflon corse de se reproduire. Il avait presque disparu, avant-guerre, à force d'être poursuivi, traqué, tué par des chasseurs imbéciles. Pline a parlé du mouflon corse à trois reprises, dans son *Histoire naturelle*, comme d'un animal fabuleux.

Ce sont les mêmes chasseurs qui ont également fait disparaître presque complètement les cerfs dont fut autrefois peuplée la plaine orientale. Ils sont aujourd'hui protégés, mais le défrichage intense, dans cette région de grande culture, rejette hors de leur territoire, vers l'extermination, les quelques têtes qui subsistent.

Un mammifère sauvage, encore assez répandu dans toute l'île, est le sanglier. Mais nous pouvons faire confiance aux chasseurs, dont le nombre a augmenté dans des proportions effarantes : malgré toutes les mesures prises, ils finiront par exterminer les sangliers, comme ils sont en train d'exterminer tout le gibier.

Il n'y a pas si longtemps, les lièvres étaient si nombreux que le fusil le plus inexpérimenté en prenait à coup sûr. A force d'en tuer, le plus souvent par braconnage, leur nombre diminue très rapidement.

Le renard de Corse, beaucoup plus grand et plus robuste que celui de l'espèce ordinaire, a une fourrure rousse et jaune, épaisse et soyeuse. Heureusement plus adroit que ceux qui le traquent — et quoique réputé « nuisible » — il échappe pour le moment encore au massacre total.

Un mammifère curieux, et qui hante en assez grand nombre les grottes du littoral est le veau marin *(vecchiu marinu)*. Très friands de raisin, ces phoques de grande taille pénètrent souvent dans les vignes plantées au bord de la mer, en septembre et en octobre, et vendangent à leur manière. Quand ils sont surpris, les grands coups qu'ils donnent dans le sol avec leurs membres antérieurs, pour regagner la mer, projettent des pierres vers leurs poursuivants. D'où la légende, en Corse, des veaux marins lanceurs de pierres.

Parmi les reptiles, aucune espèce, dans l'île, n'est venimeuse.

Les rapaces comptent, en Corse, une espèce en voie de disparition partout ailleurs, sauf aux Baléares, où il en subsisterait quelques couples. Il s'agit de l'aigle pêcheur, oiseau de proie à tête chauve et plumage très clair, qui se nourrit exclusivement de poisson. On les appelle, en langue corse : *aquila di mare*. Tout récemment, l'excellent cameraman de la télévision française, Francis Rombaldi, a réussi à filmer deux couples de ces oiseaux de proie avec leurs aiglons, sur la côte occidentale, dans les murailles abruptes du golfe d'Elpa Nera, entre Girolata et Galeria. Ces rapaces sont victimes d'une espèce humaine tout aussi redoutable que celle des chasseurs et des braconniers : les collectionneurs d'œufs. Ils paient très cher les œufs d'aigle pêcheur qui, pour cette raison, malgré l'inaccessibilité de leur aire, n'arrivent plus à se reproduire, les nids étant systématiquement pillés par certains hommes du pays.

Au début de ce siècle, on avait dénombré 246 espèces d'oiseaux dans l'île. Deux de ces espèces étaient particulières à la Corse : l'une de la famille des cormorans et l'autre de la famille des mouettes. La richesse de cette faune explique l'attirance qu'exerçait la Corse auprès des chasseurs, qui trouvaient rarement ailleurs une si grande variété et une si grande abondance de gibier à plume. Aujourd'hui existent encore la perdrix rouge (en corse : *pernici*) ; la bartavelle, dans la montagne (elle ressemble à la perdrix rouge avec la taille d'une pintade) ; la caille (*guaglia*), dans la plaine orientale, notamment, d'avril au début d'octobre ; la bécasse (*bicazza*), de novembre à mars, ainsi que le merle, dont la saveur jouit d'une réputation mondiale. Le merle de Corse doit le parfum de sa chair aux baies de myrthe dont il se nourrit.

La pêche fluviale et maritime est partout abondante en Corse. Les langoustes des golfes d'Ajaccio et de Valinco, ou encore des rivages de Centuri ou de Bonifacio, sont célèbres dans les milieux de la gastronomie française. Les truites saumonées et des anguilles d'une finesse extrême peuplent les rivières et les lacs de haute montagne. M. Tito de Caraffa, dans un ouvrage qui demeure la bible des connaisseurs du poisson de la Corse (*Essai sur les poissons des côtes de la Corse.* Bastia, Société des sciences historiques et naturelles, 1902) avait décrit 140 espèces, dont il précisait qu'elles ne représentaient qu'un peu plus de la moitié du nombre total.

Il y a, dans l'île, 300 espèces d'insectes. Ce fut à Ajaccio, où il enseignait la physique au Collège Fesch, de 1849 à 1853, que celui qui devait devenir l'un des plus grands entomologistes de tous les temps, Henri Fabre, découvrit sa vocation au cours de ses promenades sur les collines du Salario.

11. La Scala di Santa Regina

12. Près de Ghisoni
13. Du col de Bavella

14. Bonifacio

15. Pont génois dans les gorges de l'Asco

16.
La Restonic
Au fond, le
Lombarduc

LES GRANDES DATES DE L'HISTOIRE DE LA CORSE

Escale mystérieuse, innomée mais décrite, ou diversement nommée dans les voyages légendaires de la mythologie classique, la Corse ne pouvait manquer d'être abordée par les premières migrations de l'Orient ancien. La fable lui donne un roi, grand-père des Euménides, vaincu par Atlas. La réalité amène des commerçants. Ce sont les Phéniciens, ces champions du marketing avant la lettre. Ils croient l'île commode et y installent des comptoirs.

Six siècles avant notre ère, les Grecs de Phocée s'établissent pour de bon, fondent la ville d'Alallia, hellénisent le pays. Rome, à son tour, va déloger les Carthaginois qui avaient trouvé là une base précieuse. Il faudra aux légions plus de deux cents années pour pacifier l'intérieur. Marius, en 94 av. J.-C., décide la construction d'une seconde ville : Mariana. L'organisation militaire d'Aleria, où César séjourne en 46, puis les travaux qu'y fait effectuer Auguste, enfin l'érection de l'île en province impériale montrent l'intention bien arrêtée des Romains de s'y installer définitivement.

On sait aujourd'hui que de nombreux colons gagnèrent peu à peu l'arrière-pays et s'y fixèrent. Ainsi s'explique que la langue corse soit si directement dérivée du latin.

L'île est évangélisée dès la première moitié du premier siècle. Le christianisme y a tout de suite ses persécuteurs et ses martyrs. Tous les barbares germaniques ou slaves déferlant par vagues successives sur l'Europe du haut Moyen Age viendront tour à tour faire régner en Corse la terreur et la désolation.

Les Byzantins y demeurèrent deux cents ans, puis au huitième siècle, le pape Etienne II fait valoir « les droits de l'Eglise ». Pépin le Bref et Charlemagne font donation de la Corse au Saint-Siège.

Alors s'ouvre la longue période des invasions sarrasines, contre lesquelles les insulaires devront demander l'aide du marquis de Toscane, dont les représentants sur place, Corses d'origine, deviennent ainsi des seigneurs féodaux se succédant par héritage. A la faveur de ces campagnes militaires ayant pour but avoué la protection d'un pays chrétien, Pise et Gênes rivalisent d'influence, dans un affrontement sans merci. Les papes, afin d'instaurer une trêve, divisent en deux parts égales les six évêchés de l'île : Ajaccio, Aleria et Sagone deviennent dépendants de l'archevêché de Pise ; Accia, Nebbio et Mariana deviennent dépendants de l'archevêché de Gênes. La guerre n'en continue pas moins sur terre et sur mer.

La bataille navale de la Meloria, le 6 août 1284, met définitivement fin à l'hégémonie pisane. Les Toscans, vaincus, doivent se retirer. Ce n'est d'ail-

17. Myrte en fleur

leurs qu'un épisode dans la querelle sanglante née entre la papauté, protectrice de Gênes, et l'empereur d'Occident, protecteur de Pise, entre Guelfes et Gibelins.

Les deux puissances européennes continuent de revendiquer la possession de la Corse et ils y délèguent leurs pouvoirs. Le roi d'Aragon, qui reçoit ceux du pape Boniface VIII, s'apercevra très vite qu'il s'agit d'une autorité purement théorique.

En fait, ce sont les seigneurs corses qui tiennent le pays. Partagés entre les deux camps, ils renversent souvent leurs alliances, se dressent sans cesse les uns contre les autres, sèment la misère. Pourtant surgissent alors de grandes figures féodales dont la plus forte, la plus prestigieuse sera celle de Sinucello de Cinarca. Maître incontesté de toute la Corse, pendant quelque temps, il veut gouverner avec méthode et justice. Il prend le nom de Giudice, le Juge, sous lequel il passera à la postérité comme la première incarnation du nationalisme corse et de l'idée d'indépendance insulaire. Mais bientôt jalousé, trahi par son propre entourage, livré aux Génois par ses fils naturels, il disparaît de la scène de nouveau mise à feu et à sang.

La première moitié du XIVe siècle voit le réveil des ambitions génoises, servies par un effort financier et un effort militaire exceptionnellement importants. Les féodaux sont domptés. Les malheurs du temps sont encore accrus par la sinistre épidémie de peste qui ravage l'Europe en 1348. Un tiers de la population insulaire est emporté.

Un peu plus tard, en 1358, a lieu le mouvement communal mené par Sambucuccio d'Alando. Celui-ci se dresse contre les féodaux de l'au-delà des monts, avec l'appui de Gênes. On avait associé son nom à l'idéal républicain. Les découvertes récentes du rôle qu'il a joué dans le retour en force de la République ternissent quelque peu son souvenir et déjà sa place est contestée dans la galerie des héros. Le collectivisme instauré par lui il y a plus de six cents ans, dans toute la terre du commun (en-deçà des monts), demeure néanmoins une expérience inoubliable.

Cependant l'Aragon n'avait pas renoncé à ses ambitions. Se proposant comme asile aux seigneurs corses qui s'étaient le plus farouchement battus contre Gênes, le royaume espagnol accueille Arrigo della Rocca, met à sa disposition un corps expéditionnaire qui, en 1376, avec l'aide de l'au-delà des monts, se rend assez rapidement maître de l'île entière, à l'exception de Bonifacio, de Calvi et du Cap.

Il ne faut pas plus de deux années pour qu'une grande partie du nord et du centre se soulève contre l'autorité exercée au nom du roi d'Espagne. La République est de nouveau invitée à intervenir. Elle préfère en confier le soin à une autorité bancaire : la Maona. Pendant les années qui suivirent, se déroulèrent de multiples péripéties. Les Corses sont divisés entre Gênes et l'Aragon qui continuent de se disputer l'île. Les grands féodaux, la famille des Cinarchesi, après la mort d'Arrigo, survenue en 1401, se partagent en deux clans ennemis. Un neveu de ce dernier, Vincentello d'Istria, continue la lutte contre Gênes ; son fils naturel, Francesco della Rocca, passe dans le parti adverse.

Vincentello, vice-roi au nom de l'Aragon, conquiert presque tout le pays en 1419. La guerre a semé la destruction, mais elle a donné lieu à l'édification de deux citadelles appelées à jouer un rôle important dans les temps à venir : en 1383, l'administrateur le plus influent de la Maona (ils étaient six), son P.D.G. dirions-nous aujourd'hui, avait fondé Bastia. Il s'appelait Leonello de Lomellini. Trente-sept ans plus tard, Vincentello d'Istria fonde le château de Corti.

Son pouvoir ne s'exercera pas longtemps. En fait, les insulaires ne supportent guère mieux Vincentello qu'ils ne supportaient les Liguriens. Ceux-ci le capturent en mer, le transfèrent à Gênes, où il est décapité en 1434.

Une fois encore les Cinarchesi se livrent une lutte à mort. Rinuccio de Leca, et son fils Raffé de Leca, Paolo della Rocca, Giudice d'Istria, tous ces parents se réclamant, les uns de l'Aragon, les autres de l'Indépendance, créent une situation politique et économique inextricable.

Gênes mesure l'immense effort que devrait accomplir la République pour rétablir son autorité. Elle préfère tenter une nouvelle expérience semblable à celle de la Maona. En 1453, elle cède tous ses droits à une compagnie financière appelée la Banque de Saint Georges, société créée au XIIe siècle, qui s'entend fort bien aux grandes exploitations commerciales. Dans cet acte s'inscrit donc un véritable projet de mise en coupe réglée de la Corse par les moyens qu'utilisent les états colonisateurs : levée d'impôts, émission de la monnaie, monopole des activités de service. Comme toujours, les Génois essaient de gagner l'appui, ou tout au moins la neutralité des chefs et des clans de l'île, à grand renfort de promesses, souvent à l'aide de subsides considérables.

La résistance à la Banque de Saint Georges devait être magnifiquement incarnée par Raffé de Leca. Le combat, inégal, dura trois longues années pendant lesquelles le sang fut chaque jour répandu. Et puis, assiégé dans son château de Leca, près d'Arbori, Raffé finit par être capturé. En 1456, sur la place publique de Vico, les Génois le mettaient à mort avec vingt-deux membres de sa famille, envoyaient sa tête à Gênes comme un trophée. La répression organisée par les capitaines de la Banque de Saint Georges demeure parmi les pages les plus sinistres de l'histoire de la Corse. Vainement, Giudice tentera de lutter encore, ainsi qu'un autre seigneur de Cinarca, Giocante de Leca.

Mais la situation interne de la République ne lui permettait plus, pour un temps, de s'affirmer en tant que puissance coloniale. Devenue elle-même vassale de Francesco Sforza, duc de Milan, allié du roi de France, tout naturellement, la Banque de Saint George céda ses droits sur la Corse au nouveau maître, en 1463.

Milan tente de se maintenir — malgré plusieurs révoltes conduites par Giocante de Leca et les successeurs de Sambucuccio — pendant une quinzaine d'années pleines d'exactions, de soulèvements, de rivalités sanglantes. En 1476, Gênes avait retrouvé son indépendance. Deux ans plus tard, c'est une famille ducale de Gênes, les Campofregoso, qui se flatte de s'emparer de l'île avec la bénédiction de Bonne de Savoie, régente de Milan (contre la promesse d'une contribution annuelle de 400 livres milanaises). Ces Campofregoso avaient fait un premier et malheureux apprentissage de la Corse, en 1440. Ils pensaient en avoir retiré un enseignement. Aussi voit-on Tommasino, leur chef, rechercher une double alliance familiale avec les Cinarchesi. Son fils et sa fille épousent la fille et le fils de Gian-Paolo de Leca. Mais celui-ci, tour à tour opposé puis allié à son cousin Rinuccio de Leca (mis à mort par Gênes en 1490), tour à tour en exil et successivement vainqueur, devait s'expatrier à jamais en 1500 et mourir à Rome en 1515.

Son cousin, Rinuccio della Rocca, qui, après avoir été l'allié — jugé par eux trop tiède — des Génois, se dresse contre leur oppression, leur fait une guerre sans relâche avec un héroïsme demeuré légendaire, meurt lui aussi, victime d'une trahison, en 1511. Il était le dernier des grands féodaux insulaires.

Pendant plus de vingt années, Gênes avait dû mettre en ligne ses meilleurs capitaines, des dizaines de milliers d'hommes, un armement considérable ; elle avait dû utiliser toutes les ressources de la ruse, faire appel à la cupidité et à la trahison pour venir à bout de ces Cinarchesi, dont on a justement dit qu'ils furent les derniers « paladins » corses.

La position stratégique de l'île en Méditerranée occidentale en a fait de tout temps le théâtre des rivalités entre les grandes puissances. C'est dans la deuxième moitié du XVIe siècle, après une assez longue période de calme imparfait, mais qui, dans cette histoire tumultueuse, prend l'aspect d'un répit véritable, que la France va intervenir sérieusement, pour la première fois. Gênes était alors vassale de Charles Quint. Il n'était pas possible, pour Henri II, de laisser aux mains de l'ennemi une base située à l'entrecroisement des routes maritimes.

Alliés des Turcs — appelés à contrebalancer la puissance navale des Génois — les Français, sous le commandement du maréchal de Termes, furent devant Bastia le 23 août 1553. Dans cette expédition surgit une des grandes figures de la Corse héroïque, le colonel Sampiero Corso, commandant un régiment de soldats corses au service de la France. Tout jeune homme, il s'était engagé dans la petite armée florentine de Giovanni della Bande Nère. Sur les instances du cardinal du Bellay, qui avait remarqué sa vaillance, il passa dans les rangs du roi très chrétien, combattit auprès de Bayard, qui aurait déclaré un jour qu'il valait à lui seul une armée. Et maintenant, sous François Ier, le voilà colonel général des Gardes corses.

En quelques semaines, les Français s'emparent de toutes les places fortes de l'île. Consciente de l'enjeu, la République, avec l'aide de l'Empereur et de ses alliés de la péninsule, dans une suprême mobilisation de toutes ses ressources, jette dans la bataille une flotte de centaines de navires conduite par Andrea Doria, et une armée de plusieurs milliers d'hommes commandés par Agostino Spinola.

La guerre est implacable et longue. Les actes d'héroïsme et de cruauté, les mises à mort collectives et les destructions se succèdent. Les villes tombent et sont alternativement reconquises, au prix de sacrifices inouïs. En Europe, Henri II et Philippe II — qui a succédé à son père, Charles Quint —, signent la paix de Cateau-Cambrésis, le 3 avril 1559. C'est une date qui compte beaucoup pour les insulaires, car, par ce traité, le roi de France restitue la Corse à la Superbe République.

Les représailles génoises ont été d'une indicible cruauté. D'Aix-en-Provence, dont il avait été fait gouverneur, Sampiero multiplie les démarches auprès de la régente de France, Catherine de Médicis, auprès du pape, du duc de Toscane, du dey d'Alger, du roi de Navarre pour obtenir la reprise de la lutte. Il imagine même d'en obtenir le financement, à titre de prêt, par le sultan Soliman II. Il se rend à la cour de ce dernier, plaide, insiste. En désespoir de cause, seulement entouré de quelques fidèles, il rejoint la Corse le 12 juin 1564 et se met à guerroyer, entraînant à sa suite des compatriotes plus nombreux à mesure qu'il regagne du terrain. Mais la trahison fait encore son œuvre. Sampiero tombe dans un guet-apens et meurt assassiné, près d'Eccica-Suarella, le 17 janvier 1567. Son fils, Alphonse d'Ornano, tentera sans succès d'accomplir la tâche que son père s'était assignée. Il tint deux ans sans le secours de Catherine de Médicis ni de ses autres alliés. Puis il quitta définitivement la Corse, scellant à jamais son sort et celui de ses compagnons au royaume de France.

La Corse traverse les cent cinquante années qui suivent ces événements dans une demi-léthargie due à son épuisement à peu près total. Les pertes énormes qu'elle a subies dans sa population et dans son patrimoine sont encore aggravées par les épidémies, la disette, les incursions barbaresques qui dévastent le littoral et le dépeuplent. Les jeunes hommes, de surcroît, émigrent vers la péninsule ou la France, pour s'enrôler dans les armées. Se battre est la seule chose qu'ils savent faire.

Gênes en profite pour rendre plus lourde son autorité et sa rapacité. De cette terre exsangue, elle veut tirer les dernières forces. Les places laissées vides, elle les remplira par des éléments qui lui seront tout dévoués et travailleront la terre. Ainsi installe-t-elle, en 1676, près de Cargèse, à Paomia, 700 Grecs du Péloponnèse qui ont fui les Turcs. Sa manière d'administrer l'île, même les mesures de fertilisation que décide la République et qui auraient pu être, qui sont, en certains cas, profitables, portent la marque du plus mauvais colonialisme.

En 1729, au mois d'octobre, la révolte éclate dans le village de Bustanico à l'occasion de la collecte de l'impôt et elle s'étend rapidement. Elle est la première d'une guerre qui va durer quarante ans et qui va devenir, pour le monde entier, le symbole des sacrifices consentis par un peuple pour son indépendance et sa liberté.

Malgré les terribles répressions génoises, les insulaires, dans une suite de coups de mains et de combats audacieux, infligent à la République des revers humiliants. Puis ils s'organisent. Le 22 décembre 1730, la Consulte de Furiani élit deux chefs nationaux : Andrea Ceccaldi et Luigi Giafferi, assistés de l'abbé Raffaelli. L'année suivante, la Consulte générale de Corti réunit les représentants de toutes les régions de l'île (les piéves) et assigne à chacun son rôle dans l'effort commun. En réponse aux Génois, qui avaient toujours prétendu être les « maîtres naturels » de la Corse, pour donner à la Révolte, aux yeux des états et des insulaires trop scrupuleux, son véritable caractère de guerre de libération, dix-huit théologiens réunis au couvent d'Orezza la déclarent « juste et sainte ».

Tandis que des combats ont lieu un peu partout, des plénipotentiaires engagent une action diplomatique sur le continent. Ils rassemblent aussi le concours des Corses émigrés.

De plus en plus alarmée par la tournure des événements, la République obtient de son protecteur, Charles VI, empereur d'Autriche, l'envoi en Corse d'un corps expéditionnaire de 8 000 hommes sous les ordres du colonel baron Wachtendonck. Celui-ci débarque avec sa troupe et trente canons en août 1731. Mais, après avoir repris quelques villes du littoral, il signa avec les Corses un acte de suspension des hostilités, malgré la fureur des Génois.

Ces derniers sont battus, décimés à la bataille de Calenzana, le 2 février 1732. En vain, remplace-t-on le mois d'après Wachtendonck par le prince de Wurtemberg amenant des renforts. A son tour, il signe la paix, qui reconnaît aux Corses un certain nombre de droits garantis par l'Empereur, ce qui fait craindre à la France la mainmise de l'Autriche sur l'île. Ce traité, conclu à Corti en mai 1732, Gênes compte bien le violer dès que possible. Elle fait arrêter et jeter dans une prison de Gênes les cinq chefs principaux de la Nation, qui ne seront libérés que sur intervention de l'Autriche. Mais la République, reprend dès lors sa politique d'oppression et d'exaction.

La seconde insurrection éclate le 17 novembre 1733 dans la Terre des Communes. Elle s'étend rapidement à l'au-delà des monts. Les Corses, doués d'une conscience politique qui les fait apparaître comme des précurseurs de la notion du droit des peuples — aujourd'hui vérité première mais nouveauté à l'époque — font appel, sans succès, aux puissances européennes. Aucune, pourtant, ne se désintéresse de la situation ainsi créée, et les ministres de Louis XV, notamment, y voient l'occasion de tout mettre en œuvre pour que se développe, dans l'île, un parti français.

Les nationaux élaborent une constitution qui proclame l'indépendance de leur pays. Fidèles au principe de la direction collective, ils confient le pouvoir à trois « primats » : Ghiacintu Paoli, Luigi Giafferi et Andrea Ceccaldi. Une administration est mise en place, qui aura, entre toutes les autres tâches, celles de faire battre monnaie et de rédiger un code.

A cette révolution, Gênes répond par le blocus de l'île. Celle-ci tente alors l'expérience de l'autarcie, mais les armes et les munitions nécessaires à un état de guerre permanente sont fatalement insuffisantes sans de sérieux apports de l'extérieur.

C'est alors que survient l'un de ces grands aventuriers dont le XVIIIe siècle fut prodigue : Théodore de Neuhof. A Livourne, des patriotes exilés, Sebastianu Costa et Orticoni, lui avaient longuement exposé la situation de leur « royaume » et ses besoins pour s'affranchir définitivement du joug ligurien. Le bateau qui, le 12 mars 1736, a déposé Théodore à Aleria, apporte aussi de l'or, du blé, des équipements militaires, des armes, y compris quelques pièces d'artillerie.

Du coup, le personnage fait figure de libérateur. Venus de toutes les pièves de l'en-deçà des monts, et même de l'au-delà, des hommes en foule l'acclament et, solennellement, lui donnent la royauté. Respectueux de ses nouveaux sujets, Théodore conserve l'invocation à la Vierge décidée par la constitution de 1735. Il réorganise l'administration, distribue les titres et les charges, dresse un plan économique et accueille des Juifs pour commanditer l'industrie et le commerce. Il n'oublie pas, non plus, la guerre qui menace sans cesse et donne ses soins à une armée renforcée.

Mais il ne reçoit pas de l'extérieur l'aide qu'il attendait. Le mécontentement inévitable de certains notables, quelques engagements militaires malheureux, l'opposition suscitée par Gênes et surtout l'épuisement des ressources dégradent très vite la situation. Il quitte la Corse le 11 novembre 1736, après avoir institué un Conseil de régence composé de Paoli, Giafferi et Ornano.

Les Corses continuèrent leur lutte pour l'indépendance à travers d'innombrables et cruelles péripéties. Survivre à peu près sans secours leur demandait du courage ; survivre en se défendant et en attaquant perpétuellement exigeait de l'héroïsme. Ils l'eurent, cependant, montrant aux puissances de quelle trempe ils étaient.

Mais, dans le même temps, ces dernières considérèrent beaucoup moins les mérites mis ainsi en évidence que l'intérêt que devait avoir Gênes à tant d'obstination. C'était à qui pourrait faire valoir ses « droits » sur le pays. La France, pour sa part, nourrissait depuis longtemps, on l'a vu, le dessein d'intervenir définitivement. Estimant alors la situation internationale favorable (affaiblissement de la République, accaparement de l'Autriche par la menace turque), elle mène une action diplomatique aboutissant à un appel au secours des Liguriens. C'est donc pour répondre à leur souhait — et avec, de surcroît, la garantie de l'Empereur — que le 8 février 1738 un corps expéditionnaire de 3 000 hommes, bientôt porté à 8 000, débarque en Corse sous le commandement du général de Boissieux.

Les intentions françaises feront illusion pendant quelques mois. Mais les nationaux s'apercevront très vite qu'il n'est question, pour Versailles, que de se substituer à Gênes, que le ministre Fleury déclare derechef « maîtresse légitime » des Corses.

La seule réponse possible était celle de Giafferi et de Paoli : « Plutôt mourir en combattant qu'être témoin des malheurs de la patrie ! »

Le 13 décembre 1738 a lieu la bataille de Borgo : les Corses écrasent les Français, à la tête desquels s'était porté le général de Boissieux en personne. Maillebois lui succède au début de 1739. Le nouveau commandant en chef dispose de troupes et d'armements considérables et, comme on dit vulgairement, de nos jours, il met le paquet. Les chefs historiques de la Révolte doivent s'exiler. En 1741, estimant la pacification terminée — après que la République se soit fermement opposée à ce que les Français prolongeassent leur séjour — Maillebois et ses troupes quittent le pays.

Les visées des grandes puissances sur la Corse avaient pris fin. Elles reparaissent vers 1745 et, cette fois-ci, l'Angleterre est du nombre, avec l'Autriche de nouveau, et le royaume de Sardaigne. Il s'agissait, avant tout, de s'opposer aux intérêts français. Le meilleur moyen était donc d'encourager et d'alimenter la Révolte des Corses. Certains d'entre eux guerroyaient dans les armées de ces puissances, tel le capitaine Dumenicu Rivarola, alors au service du roi de Sardaigne. Il est choisi pour conduire une escadre anglaise qui attaque Bastia, puis San Fiorenzo, tandis que les Corses assaillent leurs occupants de l'intérieur. Les deux villes tombent, ainsi que Corti, enlevée par Juan Petru Gafforj.

Mais quoi qu'on dise de l'histoire, souvent les mêmes causes produisent les mêmes effets. On a déjà vu, à plusieurs reprises, les Génois se retirer devant une aide apportée aux Corses et resurgir, dès que ceux-ci se retrouvent seuls à combattre, moins nombreux et moins bien armés qu'eux. Comme toujours, une terrible répression accompagne le retour en force de la République. Louis XV a mis des troupes à sa disposition, sous le commandement du marquis de Cursay. Il se dit et se veut le protecteur des Corses. De fait, il agit avec beaucoup de diplomatie, négociant avec les chefs de la Révolte, faisant entreprendre des travaux d'utilité publique, encourageant l'agriculture, le commerce, l'artisanat et l'enseignement. Le parti français de l'île se trouve par cette attitude singulièrement renforcé.

Les Liguriens voient la situation ainsi créée d'un très mauvais œil, d'autant que les insulaires, en attendant le départ des Français, élisent Gafforj général, et s'organisent pour un prochain affrontement avec les colonisateurs. Les plaintes de Gênes auprès de la cour de Versailles provoquent l'envoi sur place d'un enquêteur investi de tous les pouvoirs, le marquis de

Chauvelin. Il accuse de Cursay d'avoir fait la part trop belle aux Corses et ce dernier est rappelé. Les troupes du roi de France se retirent en février 1753.

Gafforj disparaît, assassiné par des sicaires de la République. Un Directoire est alors élu par les patriotes, sous la direction de Clemente Paoli, fils aîné de Ghiacintu. Une fois encore, les Corses, dans une lettre publique destinée à éveiller la sympathie envers leur bon droit et l'indignation envers la tyrannie génoise, s'adressent aux princes de l'Europe.

Pasquale Paoli et la Corse souveraine

Pendant ce temps, un jeune homme de vingt-huit ans, né à Morosaglia le 5 avril 1725, bouillait d'impatience dans la vie de garnison qu'il menait à Naples, en qualité d'officier du régiment « Royal-Farnèse ». Second fils de Ghiacintu Paoli, jeune frère de Clemente, il suivait avec passion, de la péninsule, les événements de son pays, rédigeait un projet de constitution, imaginait tous les moyens à mettre en œuvre pour aboutir à l'indépendance définitive de la Corse.

Un historiographe contemporain, peu averti, mal informé, a pu décrire Pascal Paoli sous les traits d'un insulaire intelligent mais rustaud. Il était, au contraire, d'une grande culture, ancien élève du philosophe et économiste Genovesi, familier des auteurs de l'antiquité et de ceux de son siècle. Clemente n'avait pas eu grand mal, soutenu par des chefs de la Révolte, à faire admettre dans les pièves la candidature de son frère à la direction suprême des affaires. Pasquale Paoli revient dans son pays après seize ans d'absence. Le 13 juillet 1755, la Consulte de Sant'Antone di Casabianca l'élit Capo Generale (général en chef) d'un peuple décidé à se battre jusqu'à son indépendance totale.

Il serait trop beau, en contemplant le tableau offert par cette période de l'histoire de la Corse, de n'y trouver aucune dissonance. L'accession de Pascal Paoli au pouvoir avait fait des mécontents. On avait, bien sûr, le droit de ne pas être d'accord sur la désignation d'un chef si jeune et dont la valeur, après tout, restait à prouver. Malheureusement, ce désaccord, principalement incarné par Emanuele Matra, se manifesta avec l'aide des Génois. La guerre civile, ajoutée à la guerre de libération était un grand malheur pour le pays. Elle se termina par la mort de Matra et l'anéantissement de ses troupes.

Paoli devint le chef incontesté de presque tout le territoire, Gênes n'étant plus maîtresse que de quelques places fortes. Il entreprit d'organiser le pays. Et son œuvre, aujourd'hui encore, prouve qu'il était bien le fils du siècle des lumières, en avance même sur les idées de son temps. De cette œuvre de Paoli, le professeur Paul Arrighi, éminent historien de la Corse, a écrit qu'elle fut « vaste, variée, intelligente ». La Consulte de Corti, en novembre

1755, institutionnalise les notions de nation, de représentation populaire élue au suffrage universel, de services publics, de contrôle de l'exécutif, de justice indépendante du pouvoir politique et sans faiblesse. Il fit ouvrir des routes, encouragea l'agriculture — notamment la culture intensive de la pomme de terre —, il développa l'industrie et le commerce de manière que le pays pût tirer partie de ses moindres possibilités. L'université de Corti dont on a tant reparlé ces derniers temps, fut créée par Pascal Paoli, qui créa aussi une imprimerie nationale à Oletta. Il fit battre monnaie. Il fonda le port d'Isola Rossa pour concurrencer celui de Calvi, encore aux mains de la République.

Celle-ci, comprenant qu'elle ne se rétablirait jamais dans l'île par ses seules forces fit derechef appel à la France, qui saisit l'opportunité de s'opposer aux visées anglaises sur la Corse. Des troupes de Louis XV, successivement sous les ordres du marquis de Castrie et du comte de Vaux, occupèrent Ajaccio, Calvi, San Fiorenzo. Puis les Français furent rappelés en 1759. Lors du second traité de Compiègne, en août 1764, il fut décidé que les Français tiendraient les principales villes du littoral pendant quatre années, ce contre quoi les Corses protestèrent. Toutes les tentatives de négociation échouèrent et ne pouvaient qu'échouer, ceux-ci entendant conserver l'indépendance.

Alors fut signé entre la France et Gênes le fameux traité du 15 mai 1768, aux termes duquel la République cédait la Corse au roi contre un subside annuel de 200 000 livres.

Réunis à la Consulte générale de Corti, quelques jours plus tard, les nationaux déclarèrent « la patrie en danger », décidèrent la mobilisation générale de tous les hommes entre seize et soixante ans, et jurèrent de ne jamais céder à la force : « Plutôt mourir en combattant ! »

Une première bataille, à Borgo, tourna à la capitulation et à l'humiliation des Français. De nouveaux renforts leur furent expédiés, au point que les soldats du roi infiniment mieux armés, étaient exactement deux fois plus nombreux que les combattants de la liberté. Les Français tombaient sur les villages où il n'y avait plus que femmes et enfants. Ils procédaient à des exécutions sommaires et s'opposaient à l'inhumation des cadavres.

Pascal Paoli avait pris position à Murato. Les généraux de Vaux et de Marbeuf voulurent l'assaillir. Leurs troupes furent interceptées par les nationaux sur la rive gauche du Golo. Une terrible bataille fut engagée à Pònte-Nòvu le 8 mai 1769. Aux canons Gribeauval français, les Corses n'avaient à opposer que quelques armes légères, leur vaillance et leur détermination. Ce fut un massacre des insulaires, dont l'héroïsme fit dire à Voltaire : « On ne voit de telles choses que chez les peuples libres ! »

Paoli dut s'exiler avec plus de trois cents patriotes.

La Corse indépendante avait vécu. Désormais, hormis pendant une brève tentative anglaise, son destin se confondit avec le destin de la France.

LE NOM DE LA CORSE

La Corse était appelée Kurnos, *qu'il faut prononcer* Kyrnos, *par les Grecs anciens. Le nom a été composé avec la racine phénicienne* Kur *ou* Kyr, *signifiant pointe, cap, promontoire. Il n'est pas douteux que ces navigateurs avaient baptisé l'île d'un nom exprimant la forte impression qu'elle leur fit, toute hérissée de pointes et de promontoires, quand ils l'abordèrent par le sud ou par l'ouest.*

Dans la prononciation grecque, le K était mouillé. Kyrnos *devenait donc, en parlant :* Cyrnos.

On pourrait penser que Corsica *n'est que la transformation de Cyrnos passant du grec au latin.*

Mais les Phéniciens avaient un autre mot pour désigner l'île. Ils l'appelaient également Korsai, *qui signifie lieu couvert de forêts, ou d'une épaisse végétation, autre impression reçue par des hommes venant de régions déjà déboisées aux deux tiers au moins de leur surface.* Korsai *a donné* Corsica *en latin.*

Les auteurs de l'antiquité expliquent volontiers le nom par des légendes. Salluste et, plus tard, saint Isidore (Traité des étymologies) *évoquent le personnage d'une femme ligure, nommée* Corsa, *qui, la première, aurait découvert la Corse. Pour d'autres,* Corsica *viendrait des mots latins* cor, *poitrine, et* sica, *poignard. Ou bien le nom viendrait de* Corsus, *neveu d'Enée, et* Sica, *nièce de Didon, à qui la Corse aurait été donnée. On ne sait pas de quel texte ont été tirés ce neveu et cette nièce. Un grammairien latin du Ve siècle de notre ère, Servius, puis un humaniste hollandais de la Renaissance, Gérard Vossius, ont repris une opinion de Diodore de Sicile et de Strabon à l'occasion du commentaire de la IXe églogue de Virgile : « Cette île se nomme Cyrne du nom de Cyrnus, fils d'Hercule. »*

Laissons là ces gloses aussi fantaisistes que savantes. On peut être sûr que ce sont ses promontoires et ses forêts, vus par des Grecs, qui sont à l'origine du nom de la Corse.

LES ARMES DE LA CORSE

La tête de More (ou de Maure) est une des pièces héraldiques les plus anciennes, puisqu'elle remonte aux croisades, époque à laquelle les chevaliers comencèrent à porter des emblèmes peints sur leur bouclier, pour se reconnaître, quand ils étaient en armure, visière baissée. Les seigneurs chrétiens faisaient symboliser à la tête de More un roi infidèle vaincu. Et ils incluaient ce signe dans leurs armoiries quand leur maison avait participé aux croisades. C'était le cas de l'Aragon. La tête de More figurait sur ses étendards et sur ses sceaux dès le XIIIe siècle.

Les armes de la Corse dérivent de cette origine aragonaise. Les géographes avaient pris l'habitude de timbrer des quatre têtes de More de l'Aragon toutes les cartes de ses possessions.

Quand le pape Boniface VIII fait donation de la Corse et de la Sardaigne à Jayme II d'Aragon, le 17 février 1297, il emploie le terme de « royaume de Sardaigne et de Corse » (regnum Sardinae et Corsicae), d'où la couronne royale comme ornement extérieur des armes de la Corse.

Pour établir une distinction entre les deux îles voisines, la Corse, sur les cartes, était timbrée d'un écu à une seule tête, au lieu des quatre désignant les autres possessions aragonaises.

La Corse indépendante conserva ces armoiries, dont les détails avaient varié selon les époques et les dessinateurs. Au cours de la Consulte tenue à Corti le 24 novembre 1762, il fut décidé que l'écu à tête de More, surmontée de la couronne royale, deviendrait l'emblème de la nation. Nous en avons un dessin officiel : celui qui figure sur la page de titre de la Giustificazione della rivoluzione di Corsica, *édition de 1764, et dans l'angle supérieur droit de la carte géographique dépliante à la fin du même ouvrage* [1]. *Les pièces de monnaie frappées sous Pascal Paoli reproduisaient ces armes, qu'on trouvait déjà à l'avers des pièces d'argent émises sous le roi Théodore, l'envers représentant la Vierge, sous la protection de qui la Consulte de 1735, à Corti, avait placé la Corse.*

On pourrait maintenant définir ce blason, arrêté par la Consulte de 1762, de la manière suivante : sur un écu à peu près ovale, entouré de volutes, de rocailles, de coquilles et de palmes, à champ plain d'argent, une tête de sable (noire) dextre (c'est-à-dire tournée vers la gauche du lecteur, l'écu étant toujours supposé vu de face et non de l'intérieur) est coupée au ras des épaules en biseau, arrondie en arrière et en pointe incurvée par-devant. Il s'agit d'une véritable tête de Nègre, mais voulant représenter un Sarrasin. Elle a le front ceint du bandeau qui est signe de commandement et de souveraineté. « C'est la bandelette blanche qui, sous le nom de diadème, symbolisait la puissance des rois hellénistiques » (Jérôme Carcopino : La Royauté des Césars*).*

A cette tête de More, dans le dessin de 1764 — qui doit être tenu, nous le rappelons, pour le dessin officiel — furent ajoutés des ornements : le collier de perles (en ce cas on dit que la tête de More est « colletée » ou « accolée ») et des pendants d'oreilles qui, portés par un homme, sont signe de sauvagerie (la tête est alors dite « perlée »). L'écu est flanqué et tenu par

1. Les deux dessins, de la page de titre et de la carte, ne sont pas absolument identiques. L'écu, dans le premier cas, est italien, dit « en tête de cheval ». De plus, les « giganti marini » ne tiennent pas leurs massues de la même façon.

deux tritons, les « gicanti marini » (géants marins) armés de massues, qui sont de l'invention de Pascal Paoli. Une couronne royale surmonte l'écu.

On a voulu également faire appel à la légende et situer l'origine de la tête de More corse au VIIe siècle, pendant la période où presque toute l'île aurait été islamisée. D'autres auteurs ont cru que cet emblème datait du IXe siècle, qui vit l'expulsion des Sarrasins.

On s'accorde aujourd'hui à reconnaître que l'origine aragonaise dont nous venons de parler est la seule interprétation historique sérieuse, sinon certaine.

Pour les Corses, en tout cas, au long de leur histoire, à travers les clartés et les ombres jusqu'à nos jours encore, la tête de More est demeurée la figure symbolique de l'orageuse et envoûtante individualité de leur pays.

NOTES ARCHÉOLOGIQUES

Inspecteur général des Monuments historiques, Prosper Mérimée écrivait à son ami Sauley, le 24 mai 1839 : « Je crois que je vais aller en Corse travailler de mon métier et voir un peu s'il y a quelque chose de ce côté-là ; j'en doute fort, mais ce doit être un pays curieux. »

Ce scepticisme ne résista guère à la venue de l'écrivain. Il débarque le 16 août, à Bastia. Sa première exploration le met en présence des églises romanes de la Canonica, San Parteo, puis de celle, moins ancienne, de Santa Cristina di Cervione construite au XVe siècle. Les grandes fresques qu'il découvre sur les deux absides de Santa Cristina ne laissent pas de le surprendre.

A Mariana, il attribue avec beaucoup de clairvoyance une origine romaine aux quelques vestiges qui affleurent, mais il la rejette à Aleria. San Michele di Murato lui paraît digne d'une description de huit pages, accompagnée de trois beaux dessins, et la cathédrale de Nebbio lui semble, avec justesse, proche parente de la Canonica.

Mérimée reçut des informations sur les dolmens et menhirs de l'île. Dans les *Mémoires de l'Académie celtique* (T. 6), un correspondant avait signalé le dolmen de la vallée du Taravo. « ... l'existence d'un semblable monument, en Corse, avait quelque chose de si improbable à mes yeux — avoue l'auteur de *Colomba* — que je balançais à entreprendre une excursion pour m'en assurer. » Il dut pourtant se rendre à l'évidence. Mais près d'un siècle va s'écouler avant que les *Notes d'un voyage en Corse* ne suscitassent de nouvelles recherches, d'ailleurs privées de l'aide indispensable.

Nous voici, maintenant, dans une autre ère de l'archéologie corse. Pour ce pays, notre époque restera parée d'un mérite insigne : elle a produit quelques savants directeurs de fouilles assez tenaces, oublieux d'eux-mêmes, doués de l'inébranlable foi et de la divination nécessaires pour tirer de la nuit, à partir de presque rien, les témoins de civilisations englouties. Ces archéologues ne sont pas, ici, des personnages lointains, enfermés dans les rites d'une science hermétique. Ils publient leurs travaux dans des communications académiques, certes, et dans des ouvrages de plus grande diffusion. Mais ils parlent également à l'homme de la rue par le canal de la presse et des ondes. Ainsi jouissent-ils d'une notoriété qui stimulera de plus en plus, espère-t-on, les dispensateurs de crédits.

Les découvertes des préhistoriens de Lanfranchi et Weiss, près de Bonifacio, celles de Roger Grosjean, à Filitosa, ont été évoquées dans le chapitre premier de cet ouvrage.

Les fouilles et les études de la ville romaine de Mariana sont désormais inséparables du nom de Mme Moracchini-Mazel. Lorsque l'archéologue commença l'exploration de ce chantier, aucune trace ne subsistait de la cité fondée par Marius en 93 av. J.-C. et abandonnée au Moyen Age. Pendant des siècles, les alluvions du Golo recouvrirent les ruines des ouvrages de l'antiquité. Actuellement, plusieurs dizaines de sépultures, des monnaies nombreuses, un important mobilier voient le jour. La découverte la plus sensationnelle, tout près de la Canonica, concerne la basilique paléochrétienne, dont on ignorait jusqu'à l'existence passée.

Au cours de la troisième campagne de travaux, menés de 1959 à 1961, la totalité du plan de cette cathédrale, plusieurs fois détruite et reconstruite, ainsi que les fondations du baptistère, apparurent. Des restes de colonnes galbées — base et chapiteaux à volutes —, un pavement de mosaïques, rosaces, figuration d'animaux et de plantes, guirlandes, dessins géométriques, représentations anthropomorphiques attestent la richesse de la décoration. Le motif de la poule picorant entourée de poussins, « symbole de l'église protectrice » dans l'iconographie paléochrétienne du Proche-Orient, Geneviève Moracchini-Mazel le retrouvera dans le pavement des nefs du sanctuaire. Le baptistère, à quelques mètres de la basilique et en contrebas, construit comme elle en briques, comportait une colonnade dont les bases demeurent. Au centre, la piscine cruciforme ; la présence d'une autre cuve — circulaire — superposée tardivement à la première compliqua la fouille. Des fragments sculptés, aux motifs de rosaces, de feuilles et de fleurs proviennent des architraves qui, selon l'archéologue, formaient un baldaquin octogonal au-dessus de la piscine.

Non loin des restes de la basilique paléochrétienne, la chapelle romane de San Parteo di Mariana, à Luciana, date vraisemblablement du milieu du XIe siècle. L'édifice à nef unique, possède deux linteaux sculptés. Celui de la porte sud comporte un groupe qui « représente, dit Mérimée, deux lions séparés par un arbre, ou quelque chose de semblable ». Dans cette sculpture, il ne voyait que maladresse grossière, selon le goût de son époque. Mme Moracchini-Mazel, au contraire, souligne la naïveté charmante du dessin et du relief obtenu par évidement de la pierre triangulaire. A San Parteo, le morceau de choix est l'abside. Des colonnes de granite poli l'entourent à l'extérieur, surmontées de chapiteaux corinthiens en marbre blanc, qui supportent des arcades.

Nous ne parlons cependant de San Parteo, à cette place, que parce que G. Moracchini-Mazel avait pressenti que l'église romane recouvrait les ruines d'un monument plus ancien. Les fouilles révélèrent la justesse de son intuition. Elles dégagèrent les fondations d'un sanctuaire paléochrétien et des sépultures, dont une contenait une petite jarre en terre.

Dans sa thèse complémentaire pour le doctorat, *Les Monuments paléochrétiens de la Corse* (Paris, Bibliothèque des cahiers archéologiques, 1967), ouvrage venu combler un vide considérable dans ce que nous savions de cette époque, Geneviève Moracchini-Mazel décrit en détail le résultat de tous ces travaux sur le chantier de Mariana et aussi en Balagne, pour la période paléochrétienne.

Nous voudrions, à présent, remonter le temps. L'extrême importance du chantier archéologique d'Aleria, les résultats spectaculaires obtenus par le directeur des antiquités de la Corse, Jean Jehasse et par Laurence Jehasse enrichissent singulièrement nos connaissances.

Sur le bas plateau d'Aleria, au centre de la plaine orientale de l'île, les peuples de l'antiquité, on l'a vu, s'établirent très tôt, au fil des courants phénico-punique, phocéen, rhodien, étrusque et romain. Ils trouvaient là une situation géographique privilégiée, les ports sur la mer Tyrrhénienne vantés par Diodore de Sicile (y compris, certainement, la baie d'Aleria que l'ensablement, à l'époque romaine, a rendue inutilisable), des minerais dans les montagnes voisines, des matériaux de construction et des forêts dont les bois et le liège constituaient alors une ressource incomparable. Pendant longtemps, on a cru qu'Aleria n'avait abrité que des comptoirs commerciaux, sortes de relais en Méditerranée, sans rapports de société avec la population autochtone et sans influence, donc, sur son évolution.

L'archéologie actuelle permet une opinion sensiblement différente, en particulier la découverte par Jean et Laurence Jehasse de la nécropole préromaine. (Jean et Laurence Jehasse : *La Nécropole préromaine d'Aleria. Etude des graffites par Jacques Heurgon.* Paris, Ed. du C.N.R.S., 1973.) Parmi les tombes mises au jour, certaines datent de la préhistoire et de la protohistoire. D'autres rappellent les sépultures rupestres d'Etrurie. Les tombes à inhumation représentent un très fort pourcentage, contre un peu plus de 20 % environ de tombes à incinération. Le mobilier funéraire de celles-ci, mal protégé, se compose le plus souvent d'un réceptacle de céramique importée, parfois d'un vase attique à figures rouges. Les tombes à inhumation s'avèrent plus complexes et souvent très riches ; elles se divisent en deux catégories : tombe à inhumation simple ; tombe à inhumation collective, elles-mêmes de plusieurs modèles. Le mobilier funéraire, les objets familiers du mort, coupes attiques, bronzes, rangés soigneusement dans la sépulture, avaient été parfois brisés intentionnellement au moment de l'inhumation. Souvent aussi, il se retrouve intact.

Jean et Laurence Jehasse, après étude du mobilier de la nécropole, distinguent trois grandes époques : de 500 à 340 environ av. J.-C., de 340 à 259 (date de la conquête romaine de la Corse), de 259 à 150. Les trois périodes ont laissé des céramiques à figures noires ou vernis noirs, à figures rouges, d'origine attique ou campanienne, des objets en métal (bronze, fer, or, argent, plomb), des pierres, des albâtres, etc.

Tous ces objets, ces vases, ces coupes, ces bijoux, ces armes, disposés

18, 19. Filitosa. Statues-menhirs

20

21

20. Dolmen de Fontanaccia
21. Alignement de Palagiu
22. Aleria. Les fouilles et le fort

22

23

26

24

23. Bicchisano. Christ
24. Quenza. Saint Etienne
25. Casamaccioli. Saint Roch

Sisco. Trésor de l'église
26. Coffret à reliques en ivoire
27. Chef reliquaire de saint Jean Chrysostome

28. Saint-Florent. Ancienne cathédrale de Nebbio
29. La Canonica. L'église et les fouilles

25

27

28

29

30

35

30. Cambia.
Eglise San Quilico.
Tympan sculpté

31

Mariana
32. Eglise de la Canonica.
Mosaïque du baptistère (détail)
34. Eglise San Parteo.
Linteau de la porte latérale sud

Murato. Eglise Saint-Michel
31 et 33. Sculptures de la façade
35. L'ensemble

32

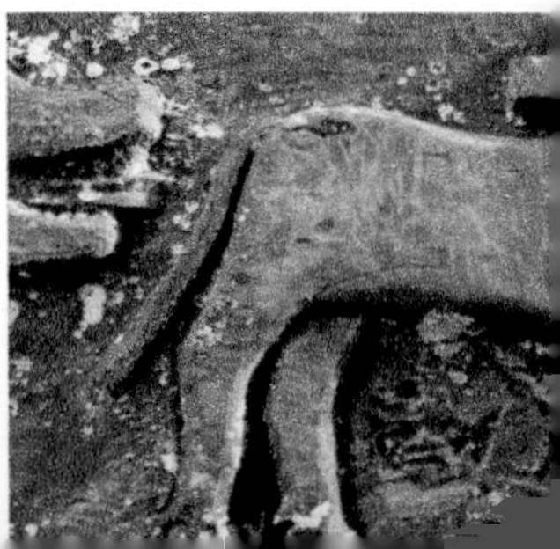

33

36. Carbini. L'église Saint-Jean →
37. Cargèse. Les églises latine et grecque ⟶

38. Sermano. Chapelle San Nicolao.
Saint Christophe
39. Canari. Eglise Saint-François.
Saint Michel pesant les âmes
40. Cargèse. Eglise grecque.
Mise au tombeau (détail)
41. Corbara. Eglise de l'Annonciation.
Saint François d'Assise
et son compagnon

38

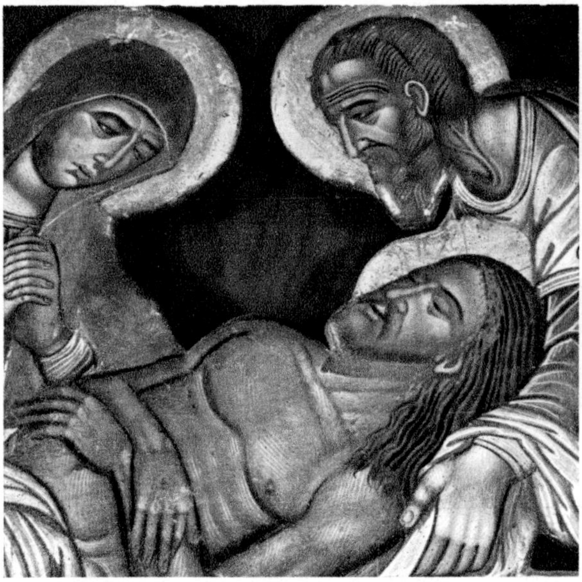

42. *Valle d'Alesani. Eglise du couvent.*
La Vierge à la cerise
43. *Morosaglia. Eglise.*
La Vierge allaitant
44. *Sainte-Lucie de Tallano. Eglise*
de l'ancien couvent Saint-François.
Vierge à l'Enfant

43

42

44

45. Calenzana. Chœur de l'église
46. Valle di Campoloro. Double abside de l'église Sainte-Christine

46

47

Carcheto. Eglise Sainte-Marguerite
47. Vierge à l'Enfant en albâtre
48. Scène de chemin de croix

49. Corbara. Autel central
de l'église paroissiale

48

49

Sainte-Lucie
de Tallano

50. Eglise paroissiale. Vierge à l'Enfant

51. Eglise de l'ancien couvent Saint-François. Autel

50

51

52. Vescovato. Eglise San Martino. Tabernacle

dans les onze salles du musée Jérôme Carcopino, à Aleria, rendent sa visite passionnante. On y admire par-dessus tout une coupe à figures rouges érotiques, attribuée à Panaitos, peintre grec du ve siècle av. J.-C.

Après avoir parlé de la Canonica, San Michele di Murato, San Parteo, nous pourrions, du nord au sud, visiter bien d'autres églises romanes. G. Moracchini-Mazel les a savamment étudiées et décrites dans un très bel ouvrage : *Corse romane* (La Pierre-Qui-Vire, Zodiaque, 1972, coll. « la nuit des temps »).

La soixantaine d'édifices du Moyen Age — dont certains antérieurs au XIe siècle — qui subsistent aujourd'hui, parfois restaurés mais parfois en ruines plus ou moins avancées, présentent tous des caractères communs : dimensions relativement réduites, en harmonie avec les proportions de l'habitat corse de jadis ; pureté des lignes et sobriété de la décoration qui les inscrivaient dans le site avec une certaine élégance ; recherche toute pisane dans le choix et l'assemblage du matériau ; isolement — dans la plaine, surtout — au milieu d'une mer de végétation. Il convient de remarquer, à ce propos, que les bâtisseurs ne cédaient pas à un parti pris d'éloigner les églises des agglomérations. A l'inverse, ce furent les villages, très souvent, qui s'éloignèrent des églises. Ils prenaient leurs distances vers l'intérieur, en montagne, à la suite des incursions barbaresques assez fréquentes, dont la menace ne se relâchait pas.

Santa Maria Assunta, ancienne cathédrale de Nebbio, à San Fiorenzo, se signale par son importance. Elle ressemble beaucoup à la Canonica par le plan, le volume, les arcatures sur les faces latérales et la décoration de l'abside. Les pierres utilisées ici et là ne sont pourtant pas semblables. Celles de la cathédrale de Nebbio sont tendres, lisses et d'un blanc éclatant, comme de gros blocs de craie.

La particularité de cette basilique réside dans la forme des fenêtres, moins étroites que dans les autres églises pisanes de Corse, et dans la beauté de la façade. Quatre colonnes, légèrement fuselées, alternent avec huit piliers carrés pour séparer les trois nefs. Des sculptures naïves historient les chapiteaux. De simples tailloirs, ou abaques, surmontent les piliers.

Dans la façade à deux étages, un fronton surmonte les murs de la nef centrale, qui s'élèvent au-dessus des collatéraux et s'y relient par une corniche rampante. L'étage inférieur présente cinq arcades figurées en plein cintre. Au milieu, une arcade plus haute permet la disposition superposée de la porte carrée et d'un tympan à jour, séparés par un épais linteau.

Un bestiaire composé de lions, moutons, serpents entrelacés orne tous les chapiteaux de ces pilastres. Dans l'espace entre les corniches du fronton, au-dessus des deux arcades qui correspondent aux bas-côtés de la nef, des ornements de pierre verte figurent des cercles et des étoiles. L'étage supérieur de la façade montre trois autres arcades, dont celle du milieu est percée par une grande fenêtre en plein cintre et, au-dessus, dans le centre du fronton, une meurtrière cruciforme.

Dans le sud de la Corse, à Carbini, une petite église romane ressemble à celle de San Parteo comme la cathédrale de Nebbio à la cathédrale de Mariana. San Ghianbattista présente une nef unique, éclairée par des meurtrières. L'appareil, en moellons de granite d'égales dimensions, taillés avec une précision et une régularité remarquables, fait que l'édifice, malgré ses petites proportions (20 m × 8 m) allie la sobriété à l'élégance.

On retrouve là encore une arcature en plein cintre au-dessous de la corniche jusque sur les rampants du fronton. Des tympans, toutes les deux arcades, ornés non plus par des reliefs mais par des cavités hémisphériques. Il n'y a de sculptures représentant des animaux ou des signes du zodiaque que sur le côté nord, près de l'abside. La porte carrée, dans la façade, est surmontée d'une archivolte très haute, en plein cintre.

San Ghianbattista di Carbini possède un campanile carré, à trois étages, séparé de l'église (les murs, épais d'un mètre, ont trois mètres de côté). Lorsque Mérimée visita Carbini, ce campanile avait été démoli aux deux tiers de sa hauteur par la foudre. Il est aujourd'hui restauré. Cependant, le père de Colomba écrivit dans ses *Notes d'un voyage en Corse* : « Le clocher, très svelte et très élégant, produit un admirable effet dans le paysage, lorsque, éclairé par le soleil couchant, il se détache sur les sombres montagnes du Coscione. »

Ces quelques dizaines d'églises préromanes et romanes que l'île conserve représentent un art venu de Toscane, mais adapté à la Corse et fixé par elle, pendant près d'un demi-millénaire.

AJACCIO ET SES ENVIRONS

A l'époque des vitesses supersoniques, des charters nombreux pour l'Amérique et l'Orient, de l'exotisme facile vendu tout compris avec le billet d'avion, on pourrait penser que le voyage de Corse est trop court pour déclencher le dépaysement. Il faut parfois plus de temps pour aller de Paris à sa banlieue que pour aller des pistes d'Orly et de Roissy à celles de Poretta et de Campo dell'Oro.

Pourtant, par mer ou par air, et même à l'ultime étape d'un tour du monde, l'abord de cette île est toujours surprenant, parce qu'il offre un spectacle grandiose, incomparable d'éclat et de diversité.

Les clichés publicitaires ont usé les mots. Comment expliquer alors l'impression ressentie ? La magie exercée sur l'arrivant, il doit en demander le secret à la lumière, aux parfums accourus à son devant, aux sommets enneigés perdus dans l'azur profond du ciel, aux rivages découpés et aux longues plages de sable, aux pentes vertes des collines et aux escarpements de porphyre, aux plaines sur fond de montagne, aux forêts, aux maquis. Le paysage est unique. La nature y a expérimenté ses meilleures inventions.

Par bonheur, l'offensive du béton, rapide sur le littoral, demeure dans des limites très acceptables. Le charme particulier de ce pays, dont la réputation de beauté remonte aux navigateurs de l'antiquité grecque, grands connaisseurs des îles, résulte de l'étroite union de la mer et de la montagne, de l'air du large et de la paix campagnarde. A Ajaccio, à Bastia, à Porto-Vecchio, à Calvi, on a la Méditerranée ou la Tyrrhénienne au bout de la rue, les bruyères, les myrtes et les cistes sauvages, des prairies et des bois aux portes de la ville. Dès les premiers jours du printemps, sauf déséquilibre météorologique, la Corse permet de se baigner et de se dorer au soleil sur la plage, le matin, et de dévaler des pistes de neige, l'après-midi, après un trajet de cinquante ou quatre-vingts kilomètres seulement. En moins de deux heures, de zéro à mille sept cents mètres d'altitude, on a changé d'horizon, d'atmosphère, de décor et de climat. C'est en cela d'abord que la Corse se révèle singulière et qu'elle mérite sa renommée.

Une ville moderne, constate-t-on avec une nuance de regret à l'approche d'Ajaccio. Les immeubles récents dominent, par leur nombre et leurs dimensions. Mais, allongée au creux du golfe, exposée au midi, et comme posée sur l'eau, la vieille ville est au centre de l'agglomération tout entière. En elle se blottissent le charme indéfinissable du passé et du présent, le point de rencontre, le cadre privilégié des flâneries au grand soleil d'hiver et des bienheureux abandons à la tiédeur musicale des nuits.

La fondation d'Ajaccio remonte à une date facile à retenir — 1492 — parce que cette année-là, tandis que l'Office de Saint Georges faisait édifier le *castellu* et les premières maisons, dans un alignement élégant et pratique, sur les plans de maestro Christoforo de Gandino, pour des « Corses » d'origine génoise, un Génois d'origine corse découvrait l'Amérique. La tradition de cette ascendance de Colomb — qui aurait vu le jour à Calvi — est ancienne et constante. Sur la naissance d'Ajaccio, nous disposons fort heureusement de témoignages plus solides. Une centaine de familles liguriennes, encadrées par des nobles, débarquaient en 1485. L'emplacement du nouvel Ajaccio s'avère intelligemment choisi : un promontoire — Capo di Bole — entouré par la mer sur trois côtés, donc facile à défendre. Sur cette pointe, aujourd'hui, la vieille ville demeure à peu près dans ses lignes, ses formes et ses couleurs anciennes, miracle qui ne durera pas sans protection efficace.

Le nom possède une lointaine origine. L'évêché du IXe siècle le portait déjà. Et plus de deux cents années auparavant, Grégoire le Grand mentionnait Ajaccio dans sa correspondance. La ville de l'antiquité, puis celle du XIIIe siècle, se dressaient plus au nord, sur l'emplacement de Castelvecchio, où s'étend à notre époque un important quartier dont les maisons datent de quelques décennies. Les immeubles en bordure de presque toutes les grandes artères ne se prévalent pas d'une construction plus ancienne, bien au contraire, hormis ceux du cours Napoléon, jadis cours Sainte-Lucie, et du faubourg — *u borgu* — qui porte le nom du cardinal Fesch, demi-frère de Madame Mère. Le faubourg, évidemment « hors les murs », constitua la première voie d'accès à la porte principale. Il s'agrandit quand les Corses de l'intérieur commencèrent à se fixer à Ajaccio, au XVIe siècle. Prudents, les citadins préféraient les voir s'installer à l'extérieur de l'enceinte. Puis, sous l'Empire et la Restauration, les maisons du Borgu gagnèrent des étages.

Après l'installation des insulaires autochtones, venus avec Sampiero à la tête des troupes françaises (elles séjourneront à Ajaccio durant six ans, de 1553 à 1559), il convint de leur donner une paroisse, dans le faubourg. La petite église de San Rocco sul mare, ainsi dénommée parce que rien ne s'interposait entre le parvis et la plage (les maisons actuelles, en face, ne poussèrent que deux siècles plus tard), apparut aux *citadini* de 1559, année de son achèvement, telle que nous la voyons : proportions modestes, lignes simples et façade dépouillée. La décoration se réfugie à l'intérieur, sous la voûte de plein cintre. Quatre colonnes corinthiennes, sur double piédestal, forment le retable du maître-autel, dont le tableau représente une Vierge visitée par la gloire, entre saint Roch et saint Sébastien, second patron de la confrérie du Borgu. Deux chapelles, dédiées à saint Antoine et à la Vierge, deux statues dans des niches garnissent les murs latéraux. Une grande peinture murale évoque l'envol vers Dieu du bon San Rocco.

La dernière restauration de l'église du faubourg, œuvre des peintres Pozzo di Borgo et Rif, mérite bien, par sa réussite, la faveur qu'elle a trouvée auprès des vieux Ajacciens. Malheureusement, les artistes se sont heurtés à l'impossibilité de reconstituer les stucs à l'italienne qui permettaient, jadis, des prodiges d'ornementation et dont la pratique à chaud, extrêmement délicate, subit un progressif abandon.

La même cause explique certains raccords visibles dans le grand vestibule en hémicycle de la bibliothèque et du musée. On y admire l'escalier circulaire à double départ, en marbre blanc et de très haute volée dû à l'architecte Jérôme Maglioli. De chaque côté de la porte principale de la bibliothèque, deux énormes lions au repos gardent l'entrée : les lions de Canova, qui servirent de modèle aux tailleurs de pierre pour le monument de Clément XIII, à Saint-Pierre de Rome. La bibliothèque occupe le rez-de-chaussée de l'aile nord, dans le palais Fesch, une partie du premier étage et du second de l'aile centrale. Celle-ci, conçue en 1806 par le cardinal, oncle de l'Empereur, ne se trouva à peu près terminée qu'en 1833. L'aile nord, édifiée sur la lancée, dut attendre le Second Empire pour son aménagement actuel (grande salle de lecture de la bibliothèque et grande galerie du musée), tandis que l'aile sud, constituée par la chapelle impériale, commencée au même moment, en 1857, était terminée deux ans après. Dans la cour d'honneur se dresse la statue en bronze de Joseph Fesch, par Vital-Dubray.

La richesse de la bibliothèque en ouvrages de toutes les époques, depuis les débuts de l'imprimerie, ne manque pas de surprendre quelque visiteur débarqué dans l'île avec un lot de préjugés. La Corse n'usait pas de la langue de Villon, Rabelais, Montaigne, Malherbe et Racine. Alors, d'où viennent ces livres français ? A cette interrogation s'ajoute le saisissement, passé le seuil, à la vue du vaisseau de trente mètres de long sur neuf de large et dix de haut, entre la moquette rouge et le plafond à voûte. Le jour y pénètre par seize fenêtres ouvertes sur une galerie qui court dans la partie haute de la salle, au-dessus des treize rayonnages en chêne et noyer sculptés formant quarante et une travées, elles-mêmes surmontées des quarante et une autres travées de huit rayonnages encadrant les impostes. Une partie du fonds ancien, provenant des abbayes parisiennes de Saint-Germain-des-Prés et de Saint-Victor, des bibliothèques des pères de l'Oratoire, de Picpus, des Feuillants et des Augustins, ainsi que des châteaux royaux de Meudon et de Bellevue, garnit les murs. Au centre, la table de travail mesure vingt mètres. Entre les travées et la table, des vitrines présentent l'histoire du livre à l'aide des pièces les plus remarquables de la collection : incunables, éditions des Alde, Estienne, Plantin, Elzévir, Junte, productions de l'Imprimerie royale, des Didot princeps antérieurs à la Révolution, ouvrages illustrés par les grands graveurs, de provenance célèbre ou de reliure ornée et armoriée. Des dons de particuliers, tel le legs de l'abbé Marchi, professeur de philologie grecque à l'université de Milan, au début du siècle dernier, tel celui du primat des Gaules, oncle de l'Empereur (8 000 volumes), celui du prince Roland Bonaparte et enfin le legs de Louis Campi, en 1905, entièrement composé d'ouvrages sur la Corse, réalisèrent un accroissement notable du fonds initial. Au nombre des manuscrits précieux, la bibliothèque d'Ajaccio possède le registre paroissial contenant l'acte de baptême de « Napoleone, figlio nato di legitimo matrimonio di Carlo Bonaparte e della signora Letizia sua moglie... ». Le fonds moderne, sans cesse augmenté et mis à jour, constitue la bibliothèque d'étude et de recherche où l'on vient parfois travailler de fort loin.

Le musée Fesch doit son existence et sa réputation, dans le monde des arts, à l'une des plus importantes collections privées jamais réunies par un seul homme, fût-il prince. Ajaccio n'a reçu qu'une fraction de ce nombre élevé de peintures acquises par le cardinal. Ses dernières volontés les attribuaient toutes à sa ville natale. Malheureusement, le roi Joseph, légataire universel de son oncle maternel, s'opposa aux dispositions testamentaires concernant les tableaux. Il craignait, non sans motif, leur entassement dans quelque remise indigne de tant de chefs-d'œuvre. A la mort de Fesch, survenue à Rome le 13 mai 1839, l'aile centrale du palais qu'il avait subventionné pour servir à une école des arts, abritait, en effet, une compagnie de soldats. Un compromis intervint pourtant : Joseph accepta de remettre une partie de la collection qu'il choisirait lui-même. Peut-être avons-nous lieu de nous en féliciter. Le goût de l'époque dédaignait les primitifs, considérés comme barbares. Ils allèrent donc au musée d'Ajaccio, dont ils font aujourd'hui le second de France, après le Louvre, pour la peinture italienne de la haute époque. Ces primitifs, en nombre imposant, comptent en particulier un triptyque, « œuvre magistrale de l'école de Rimini », des peintures de Mariotto di Nardo, Daddi, Alegretto Nuzi et un polyptyque du « Maître du Crucifix d'Argenta » pour le XIVe siècle. Le quattrocento est somptueusement représenté, notamment par une *Madone à l'orchestre* de Boccati da Camerino (Ombrie), puis des œuvres de Cosimo Tura (Ferrare), Giovanni Bellini (Venise), Lorenzo di Credi (Florence), Piero di Cosimo (Florence), Ghirlandajo (Florence) et, gloire du musée, la *Vierge à la guirlande* de Sandro Botticelli. Du XVIe siècle, la collection présente, pour ne citer que deux toiles, le *Second homme au gant,* du Titien, l'enivrante *Léda et le cygne* de Véronèse. A remarquer aussi, en plus de la série unique, par la qualité et le nombre, des paysages du secento, de la même époque, une collection de natures mortes romaines et napolitaines considérée comme la plus importante hors d'Italie. Faut-il parler de Poussin, Velasquez, Berents, Van Aelst ? Car le musée Fesch possède également des œuvres de maîtres français, espagnols et flamands. Beaucoup de peintures étaient condamnées à demeurer dans les réserves, faute de place pour les exposer, selon un schéma propre à tous les musées de France. A Ajaccio, cependant, ce problème vient de trouver une solution heureuse.

La chapelle impériale, nous l'avons dit, constitue l'aile nord du palais Fesch. Construite de 1857 à 1859, sur les plans de l'architecte Paccard, dans le style de la Renaissance, elle épouse la forme d'une croix latine : la nef et des collatéraux traversés par un transept. Les quatre piles voulues par cette ordonnance supportent une coupole polygonale, à pans verticaux, terminée par un œil de dôme. La façade présente une grande arcade plein cintre devant un porche voûté. De chaque côté, sur un double piédestal rectangulaire divisé en son milieu par une corniche et montant à hauteur d'homme, deux colonnes aux fûts cannelés se détachent du parement aux deux tiers de leur circonférence. Elles soutiennent un entablement couronné par un fronton rectangulaire, d'ailleurs reproduit en réduction au-dessus de l'entrée latérale dans le côté de l'édifice qui ferme la cour d'honneur. Tout le long de la frise, une inscription latine rappelle la volonté de Napoléon III de consacrer l'église à la sépulture de Madame Mère et du cardinal Fesch. A cette époque, en effet, l'Etat n'envisageait pas encore le transfert de Charles Bonaparte, inhumé « provisoirement » à Saint-Leu-la-Forêt. La IVe République effectua cette translation des cendres du père de l'Empereur. La porte principale, coulée dans le bronze, retient l'attention.

L'intérieur du monument est entièrement décoré de stucs. Des motifs peints en grisaille ornent le chœur et les pendentifs. Dans les caissons parsemant la coupole, Jérôme Maglioli père, auteur des peintures, a représenté, en camaïeu, des attributs cardinalices. Des grilles de fer ouvragé ferment l'accès des bas-côtés. Sur les piliers, des inscriptions latines couvrent de hautes plaques de marbre noir, encadrées de moulures. L'archéologue Champollion-Figeac (1778-1867), frère aîné du célèbre orientaliste déchiffreur des hiéroglyphes, composa ces longues épitaphes. On lui doit le *Mater Regum*, expression bien venue sur le tombeau de la signora Letizia. Six fenêtres cintrées, garnies de vitraux, éclairent les nefs latérales. Les bras du transept constituent deux avant-corps avec entablements et frontons soutenus par des pilastres accouplés. Des disques en marbre vert de Bevinco rehaussent les tympans. Le même *verde di Corsica* se retrouve dans le soubassement de l'autel.

Un double escalier pratiqué derrière le chevet donne accès à la crypte voûtée, située au-dessous du chœur, dans l'axe de la coupole. Les sarcophages à parement de marbre noir sont disposés sur le pourtour du caveau, dans l'épaisseur du mur. Mais d'autres sont dans la chapelle même, derrière le maître-autel et dans les bas-côtés de la nef. Il convient de rappeler que le Christ ornant l'autel fut rapporté d'Egypte par Napoléon, pour sa mère, qui le garda dans sa chambre pendant toute sa vie.

L'activité commerciale du Borgu s'est développée dans des proportions considérables ces vingt dernières années. Magasins de mode, galeries de tableaux, antiquaires, hôtels, restaurants attirent une véritable foule, grossie par les caravanes de touristes et la belle et nombreuse jeunesse qui utilise la bibliothèque. Pendant l'été, tant de monde a du mal à se frayer un chemin dans l'étroitesse de la rue.

Cette animation règne dans toute la vieille ville, surtout près du port. Ici, les terrasses de café et de restaurant se touchent. Lieu d'allées et venues constantes, lieu de longues flâneries. Il y a dans l'air un appel aux vacances, aux loisirs, aux rencontres chaleureuses dû à plusieurs influences mêlées : la mer étale entre les rives du golfe, qui découpent fortement leur relief ou s'enveloppent de brumes de chaleur, qui changent de couleur ou semblent changer de formes selon l'heure et la saison ; la proximité du port de plaisance, avec le mouvement des bateaux et le « spectacle » de leurs équipages ; les boutiques de mode ouvertes en permanence ; l'élégance des Ajacciennes. Jeunes gens en forte majorité : le vieil Ajaccio n'a pas l'âge de ses artères mais de ce sang nouveau.

A quelques mètres des quais, l'hôtel de ville ouvre au public le grand salon napoléonien. On y voit un imposant mobilier Empire et des portraits de la famille Bonaparte par Gérard, Girodet, Winterhalter, Horace Vernet, ainsi que des sculptures de Canova, Carpeaux, Alvarez, Bozio, et le masque en bronze de Napoléon 1er, d'après l'empreinte prise après sa mort à Sainte-Hélène. A côté du grand salon, le cabinet des médailles présente l'intéressante collection de la ville impériale.

Il suffit de traverser la place des Palmiers (place Foch), avec sa fontaine des quatre lions, due au talent de Maglioli, surmontée par la statue en marbre blanc du Premier Consul, œuvre de Laboureur, et de faire quelques dizaines de mètres pour atteindre, dans une petite rue, la maison où Napoléon 1er est né le 15 août 1769. Elle date du début du XVIIe siècle. A la naissance de Napoléon, elle avait l'aspect extérieur qu'elle conserve. Saccagée en partie par les Paolistes en 1793, réquisitionnée par les troupes d'occupation anglaises de 1794 à 1796, la maison fut restaurée sous la direction de Letizia et de Joseph Bonaparte du début de 1797 au début de 1799. La famille l'habita jusqu'en octobre 1799 (du 1er au 7, Napoléon, de retour d'Egypte, y logea en compagnie de son état-major). La *casa Bonaparte* a été donnée à l'Etat par le père de l'actuel prince Napoléon.

Sur cette petite péninsule de Capo di Bolle, où fut fondée la vieille ville, tout près de la maison natale de Napoléon 1er, la cathédrale d'Ajaccio, construite de 1554 à 1593, dédiée à Notre-Dame de la Miséricorde, patronne de la ville, est de style Renaissance. Napoléon y reçut le baptême le 2 juillet 1771. Un tabernacle en marbre et bronze, très postérieur à cet événement, surmonte le baptistère. Quatre colonnes torses en marbre noir, d'une beauté remarquable, encadrent le maître-autel. Ce retable provient de l'église des Trépassés, de Lucques. Il fut offert à la cathédrale en 1811, par Elisa Baciocchi, sœur de Napoléon, grande duchesse de Toscane. La cathédrale abrite quelques œuvres d'art et mérite une visite.

53. Les îles Sanguinaires et la tour de la Parata

54. Le golfe vu du château de la Punta

56. Place Maréchal Foch

57. Avenue E. Macchini

55. *La vieille ville et la cathédrale*

58. *Château de la Punta*

59. *Hôtel moderne*

Porto
Pallaceposa
Porraccia
P. Polenzara
dell Oro
P. di Conca

60

61

64. Le monument de Napoléon →
65. Au port ⟶

60. Les armes de la Corse
61. S. Ricci : Camille et Brenus
62. Véronèse : Léda et le cygne
63. Aspect de la citadelle

63

LA MOSKOVA

163837

Ajaccio.
Musée F

66.
Botticelli
Vierge à
guirlande

67.
Boccati
Camerin
Madone
l'orchest

67

AJACCIO

68. Boulevard Lantivy

Musée Napoléonien

69. Le cardinal Fesch
70. Jérôme Bonaparte
71. Joseph Bonaparte

69

70

71

72. *Corte. Vieille rue*

73. *Le barrage de Tolla*

Dans la même rue, en allant vers la mer, on trouve à main droite, au flanc d'un bâtiment scolaire, ancien collège des Jésuites, la paroisse des marins : Sant' Erasmu. Elle date du XVIIe siècle et abrite actuellement l'exposition des ornements et objets sacerdotaux du cardinal Fesch.

Sur la place du Diamant (place de Gaulle), se trouve le groupe monumental de Napoléon et ses quatre frères, par les sculpteurs Barye, Thomas, Petit et Maillet ; le piédestal en granite rose et la disposition des statues ont été conçus par Viollet-Leduc. Au nord-ouest de cette place s'ouvre le cours Grandval, suivi par l'avenue du général Leclerc. Cette grande voie rectiligne, plantée de palmiers et de platanes, est bordée d'excellents hôtels, de villas et de beaux immeubles. Elle donne accès à la place du Casone, que dominent les gros rochers de la grotte où Napoléon enfant aimait à venir, dit-on, en compagnie de son frère aîné, Joseph. La place du Casone (place d'Austerlitz) a été choisie pour l'érection, en 1938, de la statue de l'Empereur par Charles-Marie Seurre, réplique de la statue se trouvant dans la cour d'honneur des Invalides.

En revenant au bord de la mer, on découvre le boulevard Lantivy, magnifique corniche, ornée de palmiers, de lauriers-roses et de parterres fleuris. Sur douze kilomètres, du *castellu* à la pointe de la Parata, la route longe des plages de sable et des rochers. De nombreuses villas — celle de Tino Rossi, notamment, sur la partie du boulevard qui porte son nom —, des hôtels parmi les meilleurs, des groupes d'immeubles résidentiels jouissent là d'une exposition incomparable, face au golfe, dans le meilleur climat du monde. La température, douce en hiver, bénéficie, l'été, du régime régulier des brises. Deux fois dans la journée, du printemps au début de l'automne, un air frais passe sur le rivage avec une ponctualité dont s'émerveillaient déjà les navigateurs de la Renaissance. Le courant du matin vient de la mer, sur le coup de dix heures, lorsque le soleil pousse les basses couches atmosphériques vers la terre. Dans la soirée, le souffle léger descend des montagnes, tandis que se condense l'air refroidi.

La route s'arrête devant le large, à la pointe de la Parata, surmontée d'une tour génoise. A quelques centaines de mètres plus loin (deux kilomètres pour la plus éloignée des quatre), les îles Sanguinaires sont comme les sentinelles avancées de la baie d'Ajaccio. Mille fois décrit, le coucher de soleil à la Parata, dans un déploiement de pourpre et d'or, produit un spectacle sans pareil, que nul, jamais, ne se lassera de contempler.

Les environs d'Ajaccio offrent de très nombreuses promenades. Pour les amateurs de marche, les sentiers du bois des Anglais s'ouvrent, de loin en loin, en amont de la route du Salario qui part du Casone, longe l'esplanade, au nord, et grimpe jusqu'à la placette de la fontaine. De nombreux chemins, principalement celui qui s'amorce avant le dernier virage en épingle à cheveux, conduisent aux crêtes enserrant la ville comme un écrin. On s'élève, sur quelques kilomètres seulement, jusqu'à près de huit cents

74. La région des lacs

mètres d'altitude. Surgit alors un panorama indescriptible : le golfe et les Sanguinaires, le Monte Gozzi, une partie de la Cinarca et toute la vallée de la Gravone entre le Monte d'Oro et le Monte Renoso.

Près d'Ajaccio, plusieurs petits villages ont conservé le cachet particulier qui s'attachait au mode de vie de la Corse traditionnelle. L'indispensable excursion du château de la Punta, construit de 1886 à 1894 par le duc Pozzo di Borgo, avec des pierres provenant de la démolition des Tuileries (le château reproduit d'ailleurs fidèlement une aile de l'ancien palais des souverains français) conduit en premier lieu aux Milelli, ancien domaine des Bonaparte. Son passé est étroitement uni à celui de la famille qui possédait cette propriété agricole. Elle fut un des grands sujets de préoccupation du père de Napoléon et tous les souvenirs d'enfance de celui-ci l'y ramenaient. Sur le chemin, on trouvera l'embranchement conduisant à Villanova, dominant la mer, et celui d'Alata, où naquit, en 1764, l'ambassadeur Charles André Pozzo di Borgo, qui joua un si grand rôle politique auprès des puissances européennes opposées à Napoléon. En continuant vers le col de Listincone, où l'on croise la route d'Ajaccio à Calvi, le village d'Appietto apparaît sur la hauteur, telle une forteresse, dans un espace miroitant de roches roses, de bois et de maquis. Le décor de ce haut lieu de l'histoire insulaire existait déjà il y a plus de mille ans, tout à fait digne de la chronique alimentée au cours des siècles par les familles portant les noms de Gozzi, Colonna de Cinarca, Colona d'Istria.

Autour d'Ajaccio, au nombre de ces petites agglomérations de caractère authentiquement corse, en dépit de la récente prolifération de résidences secondaires, Afa, Bastelicaccia, Cauro, Sarrola-Carcopino, Valle-di-Mezzana sont des buts de promenade pouvant servir d'introduction à une bonne connaissance de la partie de l'île appelée, nous l'avons vu, l'au-delà des monts. En tout cas, cet arrière-pays ajaccien permet une meilleure prise de contact que la ville. Au cœur de la nature en liberté, dans un silence bercé par les chants d'oiseaux, la musique des cigales et le bruissement des feuillages, l'âme de cette terre se dévoile, pétrie de rêve et de mélancolie.

ORIGINE PROBABLE DU NOM D'AJACCIO

On a voulu céder aux prestiges de l'imagination, donner un parrainage mythologique à la ville. Le nom Ajaccio remonterait au héros légendaire Ajax. Des deux personnages d'Homère qui s'appelèrent Ajax, aucun n'aborda la Corse. Le fils de Télamon se suicida au pied du mur de Troie ; le fils d'Oïlée se noya dans les flots de la mer Ionienne.

On a fait aussi dériver Ajaccio du verbe latin jaceo, « je me repose », en attribuant ce mot à un proscrit romain jeté par le sort sur nos rivages. Mais il y a un autre verbe latin : jacio, qui veut dire, « je m'établis, je mets, je place ». Ce verbe signifie, en outre, « se jeter, se précipiter contre ». Rien ne nous empêche d'en déduire que le nom vient alors des retranchements élevés par les premiers habitants de l'ancienne cité, située au nord de la ville actuelle, au pied d'une colline.

La fragilité, le flou de ces hypothèses ne pouvaient satisfaire l'historien d'Ajaccio André Versini qui, à ce sujet, se refuse à « discuter du sexe des anges ». (Xavier Versini : Ajaccio, mon village, *Paris, 1974.)*

Comment pourrions-nous donc répondre à la curiosité des écoliers, à qui leurs maîtres, depuis plusieurs années, demandent de fournir une explication sérieuse ?

Mgr Jean-Marcel Rodié, évêque d'Ajaccio de 1927 à 1938, dans le « Petit dictionnaire des noms de lieux corses » (Marseille, Publiroc, 1936), rappelle que les lettres de saint Grégoire le Grand, au VIe siècle, contiennent le nom Adjacium. « Le sens d'Adjacium, écrit-il, paraît être " lieu où les bergers se reposent ". Comparez le mot toscan Agghiaccio, même sens. »

LES TOURS GÉNOISES

Le littoral de la Corse est garni de vieilles tours si étroitement intégrées au paysage qu'elles en constituent un symbole. Elles furent construites aux XVIe et XVIIe siècles, à partir de 1512, par la Banque de Saint Georges, après des razzias de pirates barbaresques de plus en plus audacieuses et fréquentes. Souvent elles occupent l'emplacement d'ouvrages de défense très anciens.

Au siècle dernier, on comptait encore 67 tours. Il y en avait eu 85. Beaucoup sont toujours intactes, d'autres en mauvais état ou complètement en ruine par la faute d'un vandalisme imbécile. Leur mission était d'alerter les habitants de la région à l'approche d'une voile suspecte, par un feu allumé sur la plate-forme. Mais chaque tour était vue par les deux plus proches, de part et d'autre de la côte. Dans le cas d'un danger plus grave, le signal optique pouvait parcourir l'île entière en quelques minutes.

De forme ronde, exceptionnellement carrée comme à Porto, les tours de guet étaient construites sur le modèle de celle de la Parata, à Ajaccio (encore en parfait état) ou de celle de Senetose. Elles avaient entre douze et dix-sept mètres de diamètre à la base et sept mètres de diamètre au cordon ou au niveau de la plate-forme, à l'intérieur des mâchicoulis. Elles comportaient deux étages voûtés. Les frais de construction étaient à la charge des pièves, circonscriptions administratives correspondant aux cantons actuels, qui ont d'ailleurs repris les mêmes noms qu'elles. On accédait à l'ouverture, située assez haut, par une échelle mobile. Il y avait en permanence, dans ces petites vigies-forteresses, un « capitaine » et quatre hommes, recrutés moitié parmi les marins et moitié parmi les soldats.

Ilot de la Giraglia
Cap Corse
Centuri
Rogliano
Tomino
Pino
Pietra-Corbara
Canari
Marine de Sisco
Sisco
Nonza
Pozzo-Brando
Erbalunga
GOLFE DE ST-FLORENT
Farinole
Miomo
San Martino-di-Lota
Patrimonio
Pigno
Ville de Pietrabugno
LES AGRIATES
Bastia
Saint-Florent
C. de Teghime
l'Ile Rousse
Algajola
Monticello
Défilé
de Lancone
Corbara
Sant'Antonino
C. de S. Colombano
Etg. de Biguglia
Lumio
Calvi
Aregno
BALAGNE
Murato
Aérodrome
de Poretta
la Canonica
Cassano
Speloncato
San Parteo
Muro
Olmi-Cappella
Casamozza
Calenzana
Golo
Ponte Nuovo
Mte Padro
l'Argentella
Ponte Leccia
Forêt
de Tartagine
Asco
Morosaglia
CASTAGNICCIA
Porta d'Ampugnani
C. de Prato
Orezza
le Cinto
Scala de
Sta Regina
Carcheto
Moriani-Plage
San Nicolao de Moriani
NIOLO
Golo
Omessa
Cambia
Calacuccia
Bustanico
Cervione
Sermano
Valle
d'Alesani
Ortale
G. de Girolata
Corte
Forêts
d'Aïtone et Valdo-Niello
Bussaglia
GOLFE DE PORTO
Evisa
la Restonica
Phare d'Alistro
Piana
L. Rotondo
Altiani
M. Cardo
L. Melo
Rotondo
Pte de Vitullo
Vecchio
C. de Manganello
Vivario
Vezzani
Vico
Monte d'Oro
C. de Sorba
Tavignano
Cargèse
Col de Vizzavona
l'Inzecca
Casabianda
Aleria
Bocognano
Ghisoni
Christe Eleison
GOLFE
DE SAGONE
CINARCA
Mte Renoso
Kyrie Eleison
Ucciani
Gravona
Ghisonaccia
Tolla
Caldaniccia
Ajaccio
Cauro
Aérodrome
de Tovisano-Travo
le Pont-du-Travo
Plage
du Scudo
Aérodrome de
Campo dell'Oro
Col de
Saint-Georges
Iles Sanguinaires
le Coscione
Solenzara
Taravo
l'Incudine
le Fornello
Presqu'île d'Isolella
Sari-di-Porto-Vecchio
Solenzara
Aiguilles de Bavella
Pila-Canale
C. de Bavella
la Taffonata
Presqu'île de Coti-Chiavari
Bicchisano
Petreto
Favona
Aullène
Coti-Chiavari
Zonza
Filitosa
Sollacaro
Olmeto
Fozzano
Levie
Propriano
Ste-Lucie
de Tallano
Forêt
de l'Ospedale
GOLFE DE VALINCO
Rizzanèse
Pointe de Campomoro
Sartene
Porto-Vecchio
Iles des Cerbicales
Roccapina
Ventilègne
Bonifacio
Cap de Pertusato
I. Lavezzi

CORSE OCCIDENTALE
LES CALANCHE, PORTU, LA SCALA

Il suffit de jeter un coup d'œil sur une carte de l'îlc pour être frappé par l'infinie découpure de la côte occidentale. Cette imposante dentelle de granite sombre et de porphyre rouge, sur laquelle le maquis et les fleurs sauvages étendent leur broderie changeante, ces festons et ces arabesques de pierre, tout hérissés de promontoires, de pics, de pointes au ras de la mer ou la dominant, abrupts, à des dizaines de mètres, forment des golfes profonds, qui contiennent eux-mêmes des criques nombreuses.

Le fond de ces abris naturels est satiné de sable fin : plages accessibles de la route, en majorité encore vierges d'installations balnéaires. Le chiendent des loueurs de parasols et autres vendeurs de tickets, qui a lentement rongé presque toute l'Europe occidentale n'a pas réussi à s'accrocher ici. Mais pour combien de temps ?

Cette côte exerce un attrait bien compréhensible. On peut choisir de la suivre en direction du sud, sans quitter le bord de mer jusqu'à la Punta di Campomoro, puis la rejoindre à Roccapina, passé Sartene. Le contour complet du golfe d'Ajaccio de la rive nord au Capo di Muro, l'entrée dans le golfe de Valinco, après avoir longé, parfois en très haut surplomb, une douzaine d'anses et de baies, constituent la randonnée répondant le mieux aux aspirations de solitude, d'éloignement, d'espace. Les plages, les promontoires rencontrés ont des noms chantant : Agosta, Sette Nave, Verghia, Portigliolo, Castagna, Guardiola, Capo di Muro, Cala d'Orzo, Capo Nero, Cala di Giglio, Copabia, Porto Pollo. La route, toute récente à mi-parcours, a été ouverte dans la luxuriance d'un maquis arborescent aux multiples essences. Nul n'emprunte cet itinéraire, méconnu par les guides de voyage, sans ressentir, exalté sans doute par les odeurs de myrte et de térébinthe, l'heureuse surprise de ne voir, entre Capo di Muro et Serra di Ferro, aucun des « complexes touristiques » qui ont envahi le golfe d'Ajaccio. Le besoin d'un contact étroit avec une nature vierge, si fortement éprouvé à mesure que notre société en diminue les chances, peut encore ici être satisfait par miracle. Mais comment ai-je osé l'écrire ? L'irréversible et fatale pollution du tourisme de masse ou de la villa de vacances guette, prête à bondir, les derniers coins de paradis.

Plus peuplé, on le constate, est le littoral au nord d'Ajaccio jusqu'au golfe de Girolata. Après avoir pris la route de Bastia et traversé la banlieue ajaccienne de Mezzavia, on s'engage sur la nationale 199. Comme à chaque promenade dans cette partie occidentale de la Corse, compartimentée — selon la très juste image de M. Rondeau — par les transversales de la grande « arête de poisson » qui structure l'île entière, il s'agit de passer de la vallée de la Gravone (*Locrae fluminis ostia* de Ptolémée) à celles du Liamone et de la Sagone. On s'élève donc jusqu'au col de San Bastiano, à 415 mètres d'altitude et à 19 kilomètres du chef-lieu de région. Ce col, entre les hauteurs de Molendino et de Vida, donne accès à la côte occidentale dont on ne s'était pas beaucoup éloigné. Au col même, la petite chapelle de San Bastiano — « Sancto et divo Sebastiano » — et une stèle à la mémoire du Corse Louis Capazza, sorte de génial touche-à-tout de la fin du siècle dernier. Il était musicien, peintre (je possède de lui un merveilleux portrait de ma mère à l'âge de six ans) et aéronaute. En compagnie de Fondere, il se risqua à traverser la Méditerranée entre Marseille et la Corse à bord d'un vieux ballon aérostatique, en 1886. Ils ont atterri en pleine nuit non loin de là.

La descente sur les golfes de la Liscia et de Sagone, que l'on embrasse d'un seul regard jusqu'au promontoire, dans le lointain, où est bâtie la petite cité grecque de Cargèse, offre une vue remarquable.

On a trouvé, en amont, le débouché des chemins de la Cinarca. A l'entrée, le village de Calcatoggio groupe ses maisons dans la châtaigneraie. De cette haute terrasse, où le panorama découvert étale ses dégradés infinis, la région s'ouvre avec précaution — routes étroites et sinueuses — vers des communes peu écartées mais peu désireuses, aussi, de contacts et de familiarités. Sant' Andrea, Sari d'Orcino, Casaglione, Ambiegna, Aro se nichent à flanc de colline, au milieu d'une végétation exubérante où le labyrinthe des voies entrecroisées s'enroule en boucles éperdues. Plus loin, la vallée du Cruzzini demeure la contrée le plus à l'écart de la circulation. L'étroitesse des passages au milieu du maquis arborescent, des pins et des chênes, contribue à épaissir l'impression de solitude si fortement ressentie.

Bien différente est la région côtière. Quand la descente du col de San Bastiano nous a ramenés en plaine, sur le littoral, une fois franchi le ruisseau de la Liscia venu des flancs septentrionaux du Monte Sant'Eliseo et qui donne son nom à une anse bordée de plages, où des hôtels ont eu la chance de s'établir, depuis une quinzaine d'années, on entre dans Tiuccia. La route continue de suivre la côte. Elle contourne la Punta di Capigliolo et franchit le delta du Liamone, miroir d'eau où se reflètent les prodigieuses irisations des rives du fleuve et du ciel. Le Liamone (*Circidii fluminis ostia*) formé par les rivières dévalant du Monte Tozzo, reçoit ensuite l'affluent du Fiume Grossu, issu du lac de Creno et de la Bocca Manganello, et l'affluent du Cruzzini qui prend sa source dans la Punta Muratello et le rejoint au Ponte di Truggia.

Peu après, on entre dans Sagone, siège, dans le haut Moyen Age, de l'un des cinq évêchés de la Corse. Ce hameau de la commune de Vico est très en faveur auprès des continentaux en vacances. Les Ajacciens aussi lui vouent une préférence certaine. Les réserves de grain et de farines récoltées dans sa plaine fertile, les denrées entreposées en attendant leur expédition attirèrent à plusieurs reprises les razzias des Maures. Ne se contentant pas de piller, de tuer, d'emmener les femmes jeunes, ils incendiaient les maisons après y avoir séjourné. Quand la chrétienté les repoussa et rendit leurs expéditions plus difficiles, Sagone, presque entièrement abandonné, fut infesté par la malaria et ne ressuscita qu'au XIXe siècle, lorsqu'à l'initiative de Francesco Colonna, dit « le Corsaire », furent construits les docks, petit môle de deux cents mètres de long, d'où partaient des voiliers chargés de billots extraits de la forêt d'Aïtone, de barriques d'huile et de vin. Les navires, en retour, apportaient des étoffes et des objets manufacturés.

Le site exceptionnel de Sagone, la longueur et la beauté des plages, d'où l'on aperçoit les plus hauts sommets de l'île, lui valent sa récente prospérité. C'est de là que part la nationale 195 conduisant en « pays vicolais ».

Car il s'agit d'une région de la Corse douée d'un caractère particulier. Son chef-lieu, Vico, se trouve à un peu plus d'une dizaine de kilomètres, à peine, de la mer par la route venant de Sagone. Mais cette petite ville, d'allure à la fois riante et austère, citadine et rurale, occupe le centre d'un cirque de montagne, à quatre cents mètres d'altitude sur le flanc d'une colline surplombant le Liamone. Elle procure toutes les ressources de la ville et tous les agréments de la campagne, tous les plaisirs de la mer, à quelques minutes de trajet en voiture, et toutes les possibilités d'excursions en montagne, en particulier vers les lacs de Creno et de Nino. Parlant des Vicolais, le bon abbé Galletti, historien et géographe, écrivait, il y a plus d'un siècle : « Ils sont polis et d'une belle physionomie. » C'est toujours vrai. L'urbanité charmante des citoyens de Vico, leurs manières affables, empreintes d'humour et d'une fine ironie, sont servies par une habileté langagière, un sens inné de la prosodie et une imagination tout à fait remarquables. Rien d'étonnant que des poètes, parmi les meilleurs de Corse, aient été originaires de la région, de Giuseppe Multedo à Santu Casanova, Petru Leca d'Arbori et Petru Rocca. Quant à leur « belle physionomie », ce n'est pas moi qui la nierai : je l'ai trouvée assez belle pour y choisir ma femme. Chaudes voix de Vico, porteuses de sérénades dans la douce nuit d'été ou conteuses d'anecdotes en conversations sans fin, qui les a une fois entendues continue d'en être bercé au loin.

La piève, ou canton, de Sorro ingiù, qui a Vico pour chef-lieu, regarde les pointes élevées de la Sposata et de la Cuma. A l'entour, les villages de Letia et de Renno dans les châtaigniers — Renno perché à 900 mètres —, Arbori, Murzo et, plus loin, accrochés aux collines dominant la rivière, Guagno-les-Bains, dont les eaux ont permis des guérisons miraculeuses, Poggiolo, Soccia et enfin Guagno, village retranché à flanc de montagne au-dessus du torrent de l'Albelli. Guagno, à jamais lié au souvenir de l'abbé Dominique Leca, dit Circinellu, podestat major des pièves de Sorro ingiù et Sorro insù, l'un des derniers héros de l'indépendance corse. Après la défaite des insulaires à Pontenovo, le 9 mai 1769, il avait juré sur les évangiles de combattre jusqu'à la mort. Il tint son serment. A la tête d'une poignée de patriotes et malgré les propositions alléchantes que la France lui adressait, il combattit sans trêve, harcelant les troupes royales dans une guérilla implacable. Il mourut solitaire, trois ans après Pontenovo, dans une grotte du Fiumorbo. Quand on le découvrit, il avait ses armes chargées aux côtés, un crucifix entre les mains.

En retrouvant Sagone et l'atmosphère de vacances qui l'enveloppe en toutes saisons, Sorro insù paraît loin. C'est l'un des effets de la variété et non de la distance réelle. A quatorze kilomètres, après avoir dépassé la Punta di Trio, qui s'enfonce comme un coin au cœur du petit cap de Puntiglione, après avoir laissé, sur la gauche, les deux autres pointes des Monaci et de Molendini, la petite cité grecque de Cargèse apparaît dans sa riante clarté, au-dessus de la mer, sur un promontoire de granite d'une soixantaine de mètres de hauteur. Bâtie en amphithéâtre, entre deux collines arrondies, elle apparaît au milieu de massifs d'oliviers, d'amandiers, de cédratiers et de figuiers de Barbarie.

La douceur du climat de Cargèse est réputée. Sans doute entra-t-elle pour beaucoup dans le choix de ce site par les descendants des sept cents Grecs de Morée qui avaient fui les Turcs au XVIIIe siècle. D'abord installés par les Génois à Paomia, non loin de là, ils trouvèrent refuge à Ajaccio, peu après la première Révolte des Corses. Au printemps de 1731, Paomia n'abritait plus aucun émigré laconien.

Après la conquête française, les Grecs adressèrent une requête au roi. Ils désiraient se regrouper dans un nouveau territoire. Leurs cent cinquante familles comptaient alors un total de quatre cent vingt-huit personnes.

Le comte de Marbeuf fit entreprendre la construction de cent vingt maisons, aux frais du roi, à raison de cinq à six cents livres l'une. Toutes du même type, mais harmonieuses dans leurs proportions, confortables et commodes, elles furent disposées selon un véritable plan d'urbanisme, comme l'avait été jadis Ajaccio. Mais le terrain imposait à Cargèse que les rues droites soient coupées par des rues en demi-cercle. L'église catholique grecque fut édifiée au centre. Plus tard, face à elle, de l'autre côté d'un étroit vallon, l'église catholique romaine vint répondre aux souhaits de nouveaux fidèles qui, pour s'être unis à un conjoint d'origine grecque, n'en conservaient pas moins leur famille religieuse. Les deux paroisses ne diffèrent d'ailleurs que par les rites. Aujourd'hui, le protopope dessert aussi l'église latine. Il arrive de le rencontrer au détour d'une rue. Magnifiquement drapé dans ses amples voiles noirs, la barbe épanouie et coiffé de la haute toque cylindrique, il donne à Cargèse un petit air d'Orient.

Le souvenir de la Grèce veut être ici conservé. En réalité, malgré la chaleureuse commémoration du bi-centenaire de la petite cité, malgré les tra-

75. Village de vacances dans la forêt d'Aïtone

76

76 à 78. *Fontaines*

77

78

la place
village

80. *Chênes-lièges*

81. *Le potier*

82. *La marchande de pain*

83

84

85

83. Au café
84. La fileuse
85. Le pipier
86. Le gâteau de Pâques
87. Les porcs

86

88. *Dans la forêt de Valdo-Niello*

90. *Le Monte d'Oro →*

89. *Evisa*

91. Cateri

92. Vico

93. Castifao-Morosaglia

94. Ota

95. Pietricaggio

96. Vivario

97. *Corbara*

98

98. Dans le Niolo
99. Sur la route
100. Le Monte Grosso

99

100

e
heur

102. Promenade...

103.
L'autorail Bastia-Ajaccio

104.
Pont du Vecchio

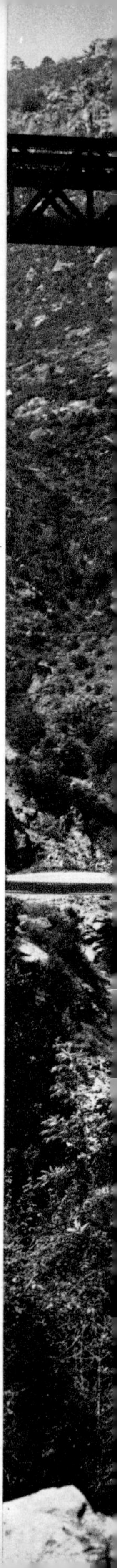

105, 106. *Cultures de la plaine orientale*

107. Vign
du cap C

108 à 110.
La Corse du skieur et du randonneur

108

109

vaux historiques et littéraires qui nourrissent ses origines, celles-ci se diluent chaque jour un peu plus dans la vivante réalité corse.

Une plage, à la sortie de Cargèse, borde le fond du golfe de Pero. Puis la route va s'éloigner de la côte, franchir les torrents portant les noms de Fornello et Lomberlaccio et gravir, à 498 mètres, le col de Lava.

C'est un grand moment du voyage, car, du col, nous découvrons soudain l'agglomération de Piana, sur le flanc escarpé d'une montagne plongeant dans la mer, la fascinante perspective des Calanche et, plus loin, le nord du golfe de Porto jusqu'à Punta di Scandola, qui ferme la justement fameuse baie de Girolata.

Un séjour à Piana diminue à peine le vertige de l'arrivée. Constituent-elles un village, ces demeures groupées autour de leur église Santa Maria, de leur mairie, de leur fontaine publique ? Il faudrait un autre mot. Car, sur cette haute terrasse dominant les flots, dans l'infinie vibration de la lumière et les flamboiements du granite, devant les architectures fantastiques de la montagne, proches ou distantes, l'impression d'irréalité emporte toutes les notions acquises. Les Pianais affirment ne jamais se lasser, chez eux, du spectacle de la nature. On les comprend et on les envie.

L'attrait de Porto agit alors de façon irrésistible. La route, creusée dans la roche, descend en lacets. Puis surgit l'étrange et colossale fantasmagorie pétrifiée des Calanche. Ce sont, projetés de la mer vers le ciel, à des centaines de mètres, des aiguilles de porphyre déchiqueté, des tours et des flèches de cathédrale, des obélisques cyclopéens, des arêtes de monstres. De tous côtés, un abîme d'écarlate et de cramoisi paraît encore brûlant du feu prométhéen. Des bouquets de pins maritimes, mêlés aux chênes, aux myrtes, aux cistes enracinés dans la pierre la parsèment de taches vertes, plus sombres que les ombres violettes des blessures de l'érosion. Le soleil, le vent, les orages de millions d'années ont sculpté le granite avec une fantaisie qui n'appartient qu'à la nature. Ainsi a-t-elle constitué dans les Calanche di Piana un bestiaire fabuleux et des statues humaines, ici des gargouilles, une tête de lion ou de chien, là un évêque mitré, un moine en prière, le profil d'un grand homme, partout des formes ressemblantes ou mystérieuses. Le chemin même tient du prodige, entaillé dans la paroi verticale, à cent ou cent cinquante mètres au-dessus de la Mediterranée dont la plate immensité rassure parmi cette fureur convulsive de la pierre, semblable à un univers en fusion.

Sorti des Calanche, on s'aperçoit qu'elles n'ont pas jeté leurs derniers feux. Elles brûlent en de nouvelles métamorphoses, à mesure qu'elles s'éloignent et que le soleil bascule dans leurs échancrures empourprées.

La route continue de descendre, entre des masses rocheuses et des massifs de verdure, jusqu'à la vallée d'où l'on découvre, derrière un bois impénétrable d'eucalyptus et se frayant la voie sous leurs ombrages, la rivière et son estuaire. De la rive droite, on va vers la marine de Porto. Tout

111. Patrimonio

semble ici avoir été édifié et organisé pour les vacances, tant sont nombreux, pour cette petite agglomération, hôtels et commerces à destination des résidents saisonniers et des touristes. Il semblait inévitable que l'exceptionnelle beauté du lieu, la curieuse impression de dépaysement, d'éloignement et d'intimité avec la nature première, se revêtissent d'une infrastructure touristique. Encore doit-elle à l'insularité une relative modération.

Toute la littérature des voyages, depuis longtemps, classe le golfe de Porto parmi les merveilles de la Corse. Mais il est difficile d'en donner une idée. La mer de cobalt pénètre profondément entre d'immenses falaises de porphyre. Le Monte Senino, au nord, surgi des flots jusqu'à six cents mètres, rougit de ses reflets, au soleil couchant, toute une partie des eaux calmes du golfe, tandis que la paroi du sud, dominée en arrière-plan par les Calanche di Piana, n'est comparable qu'à un énorme massif de braises. Sur l'avancée de l'Aghia Campana, qui abrite un petit port, la fameuse tour génoise carrée domine la berge. Celle-ci, de l'autre côté de la rivière, forme une vaste plage de minuscules galets multicolores et scintillants, en bordure des terres basses recouvertes de grands eucalyptus dont l'épaisseur donne au coin des allures de forêt vierge. Entre la Punta alla Scopa, au pied du Monte Senino, et le Capo Rosso, qui ferment de part et d'autre le golfe de Porto, le regard embrasse une étonnante perspective de promontoires — Punta di Latone, Punta Bianca, Punta di Ficailo — entre lesquelles s'ouvrent d'innombrables grottes marines.

Porto constitue la base de départ — grâce à des services réguliers de vedettes — pour les excursions en mer vers le golfe de Girolata, autre merveille étonnante, avec son vieux château fort et sa bourgade de pêcheurs. De Porto, on va aussi vers les îlots de Garganello et de Gargali. Aucune route carrossable ne conduisant à ces points du littoral, il faut les approcher par mer et c'est d'ailleurs de la mer qu'il faut les avoir contemplés. Dans cette côte inaccessible se trouvent les grottes des phoques et des veaux marins. Les hautes anfractuosités des îlots abritent les nids des aigles de mer et l'ultime asile des mouettes. Elles se rendent là, quand elles sentent venir la mort. Alignées dans ces rochers se tiennent les mouettes malades, immobiles, près de celles qui ont cessé de vivre depuis peu, puis du cadavre déjà desséché de celles qui sont mortes quelques semaines avant et des restes de celles qui sont mortes depuis des mois. Etrange et secrète pudeur du monde animal !

Du pont de Porto, nous allons prendre la route d'Evisa, bordée d'eucalyptus et de pins maritimes, cédant progressivement la place à toutes les essences du maquis corse. On s'élève rapidement au-dessus de la rivière. Apparaissent alors les châtaigniers, montagnards vigoureux. Les virages se succèdent sans interruption. Sur la gauche, de l'autre côté du torrent, accroché sur un versant abrupt, le village d'Ota se dresse dans son altière solitude. Même en ce temps de distances abolies, un pareil isolement étonne et intrigue. Il n'a pourtant jamais empêché certains Otais de se tailler une place éminente au soleil des honneurs avant de se retirer sous le vrai soleil de leur sol natal.

On monte toujours, au-dessus de la rivière qui bouillonne maintenant très bas, entre d'immenses rochers et des parois verticales de pierres sombres. L'abîme de la Spelunca s'ouvre entre ces murailles dénudées. L'impression reçue est saisissante de vertige et d'effroi.

Face à la montagne écrasante, la châtaigneraie d'Evisa déploie l'exubérance de ses gros troncs noueux et de ses lourds feuillages, ondulant sur les pentes comme une houle de verdure. Du tournant de Santu Ciprianu, le dernier avant d'entrer dans le village, toute la vallée apparaît en une perspective infiniment dégradée, avec le fond d'un morceau de mer qui scintille au loin.

Par sa situation à 835 mètres d'altitude sur une forte saillie de la montagne, à la fois près de la mer, de la plus impressionnante forêt de l'île et du col routier le plus élevé, Evisa attire et retient en toutes saisons. Pendant l'hiver, en effet, les pistes de neige de Vergio connaissent une affluence croissante.

On quitte les blanches maisons pour s'enfoncer dans la châtaigneraie. Ces ancêtres aux troncs énormes (voisinant avec de « jeunes » arbres de cinquante ou quatre-vingts ans et de plus jeunes nés d'hier) ont connu la Corse patriarcale et l'on imagine, sous leurs voûtes luxuriantes, la longue chaîne des générations humaines qu'ils ont vues passer. Une bifurcation permet de rejoindre Vico par les cols de Sevi et de San Roccu. Au nord et à l'est, la forêt d'Aïtone, succédant à celle d'Evisa, soulève sa masse compacte d'émeraude foncée. Immenses, rectilignes, les pins lariccios se dressent vers le ciel à des hauteurs pouvant atteindre cinquante mètres, pour quatre à cinq de circonférence à la base.

Du temps de la marine à voile, le géant des essences forestières de l'île excitait la convoitise des puissances navales. Le lariccio d'Aïtone produisait les mâts les plus solides et les plus droits. Il possédait en outre une élasticité très rare permettant à ces mâts, d'après certains auteurs, de se redresser après avoir plié dans la tempête. Sapins sombres, hêtres lumineux et chênes verts se mêlent par endroits aux lariccios.

Les douze kilomètres parcourus en forêt, depuis Evisa, offrent tout au long, à travers ces colonnes semblant soutenir le ciel, des ouvertures sur la mer ou sur les massifs vertigineux d'un cirque de montagne où se détache, au-dessus du torrent, la paroi verticale de Capo alla Scalella. Le col de Vergio, à 1 464 mètres d'altitude, fait communiquer la vallée de Porto avec la vallée du Golo. Cette ouverture dans la grande épine dorsale de l'île, entre le Monte Forcelle, au nord-ouest et le Monte Ruja, au sud, subit souvent la traversée d'orages et de vents dont la violence a modelé le paysage. Chaque pin conserve ici, dans son profil éploré, le souvenir de ses luttes tragiques contre les éléments.

Un peu en dessous du col, l'une des deux voies d'accès à la région fermée du Niolo, se détache au nord, le Monte Tafonato, montagne trouée de part en part. Il est saisissant d'apercevoir le ciel à travers cette percée naturelle. Le Golo, premier fleuve de l'île, prend sa source dans les gorges de ce massif qui culmine à 2 343 mètres.

La route dévale au cœur de la forêt de Valdo-Niello, qui prolonge celle d'Aïtone. On retrouve les grands pins laricios. Mais leurs vastes étendues de vert profond sont ici parsemées par les taches claires des bouleaux et des hêtres, parmi lesquels fontaines, cascades et torrents coulent en tous sens. Au-delà des arbres, la vue s'étend sur l'arête aiguë et tranchante du Paglia Orba, à 2 526 mètres, et sur la plus haute cime, le Cinto, qui domine l'île entière de ses 2 710 mètres.

Une halte apporte le silence, hormis les voix sourdes de la nature, seulement troublé, de temps en temps, par le bruit insolite d'un moteur. Sur le visage des passants, les émotions se lisent toujours. L'indifférence n'y paraît jamais.

Le cours supérieur du Golo est maintenant franchi sur le Ponte Alto. Nous entrons dans le haut bassin du Niolo. D'accès difficile jusqu'à une époque relativement peu éloignée, cette région s'avère douée d'un caractère singulier. Le sol d'abord, cerné par les plus grandes montagnes du pays, semble baigner dans une lumière blonde. Et les hommes donnent l'impression de former une ethnie à part. Du peuple corse, fondu au cours des âges dans le creuset de l'histoire, il n'y a que chez les Niolins où domine le type à cheveux et à regard clairs, avec une taille élevée. Pour avoir longtemps vécu en autarcie, ils ont ainsi conservé des traits physiques — et moraux — dont la paternité se perd dans la nuit des temps. Mais par les étroites portes de Vergio et de la Scala, toutes les passions de la vie insulaire, jadis comme aujourd'hui, ont fait et font irruption en Niolo, où la fièvre — malgré le calme et la détermination de ses fils, ou peut-être à cause d'eux — atteint vite un degré supérieur.

La survivance de la vie pastorale, dans ces agglomérations du Niolo dispersées autour du gros bourg de Calacuccia, est immédiatement décelable. Les villages s'appellent Albertacce, Lozzi, Corscia, Calasima, Casamaccioli. Dans celui-ci a lieu, chaque année, le 8 septembre, anniversaire de la Nativité de la Vierge, la fête toujours attendue de la Santa du Niolo : trois jours de liesse pendant lesquels cérémonies religieuses et concours d'improvisation poétique se succèdent, mêlant un peu le sacré et le profane, voire le païen, en présence d'une foule accourue des quatre coins de l'île et qui fournit aussi l'occasion d'une feria renommée.

De ce haut plateau sans issue apparente, le Golo se fraie un chemin par la Scala di Santa Regina, prodigieux défilé, gorge sauvage et terrifiante.

Cette Scala — « l'échelle » — représentait pour les Niolins, bloqués par les neiges à l'occident, pendant de longs mois de l'année, l'unique possibilité de communication avec le monde extérieur. Encore ne s'y risquait-on pas sans émotions fortes.

L'étroit passage, taillé dans le vif du roc, s'accroche à l'une des parois entre lesquelles le Golo jaillit, comme pour fuir la chute imminente d'un piton érodé ou d'un monolithe en surplomb, toujours sur le point de basculer dans le vide. Tourment mythologique de Phlegias, dans le Tartare, il ne s'agit que d'une apparence et d'une menace imaginaire. Pourtant, tout en bas, le torrent écume contre d'énormes blocs détachés du massif. Ils dessinent dans leur impact de hasard, une suite de piscines naturelles et de bassins à truites couverts de moirures fugitives. Les reflets colorés et la transparence de l'eau contrastent avec la pierre déchiquetée, ocre ou noirâtre. La végétation livre un combat perdu. Partout la roche se renvoie l'écho d'un escarpement à l'autre. Elle attire les orages, qui s'engouffrent dans cette cassure tourmentée et y jette la foudre, ultime touche d'une vision de chaos et d'une sensation d'écrasement.

Non moins que sous un ciel gris, la Scala demeure fascinante et farouche dans l'éclatant soleil de l'été, alors que les murailles penchées miroitent de lumière blanche et que des touffeurs de labyrinthe pèsent sur cette gigantesque solitude minérale.

A chaque courbe est attendu l'évasement de la perspective. Mais, laissant un cirque encaissé, où, sur le bord même du chemin, gisent des masses de granit tels des brisants de terre ferme, on débouche dans le prolongement enroulé de « l'échelle », entre des flancs aussi raides et constamment rapprochés. Ces quatre kilomètres interminables, le souvenir, plus tard, les allongera sans cesse, à la mesure des sensations passées.

La Scala di Santa Regina, plus impressionnante même que les Calanche et Porto est un de ces théâtres où quelque peu d'horreur magique le dispute à l'enchantement.

EXCURSION AU LAC DE NINO

Le lac de Nino, à 1 743 mètres d'altitude, s'étend sur 500 mètres de long et 250 de large, au milieu du massif de Campotile, entre les hauts sommets de Punta Artica, Monte Tozzo et Capo alle Forcelle. Les rives, plates et souples, sont recouvertes d'un épais tapis de gazon. C'est là que le Tavignano prend sa source.

De Calacuccia, il faut repartir en direction du col de Vergio. A 14 km du bourg, un sentier s'élève, depuis la fontaine de Chiaraggio, au milieu des arbres de Valdo-Niello jusqu'au petit oratoire de San Petru, à un col appelé

Vergio Sottano (Vergio d'en haut), d'où l'on a la vue sur toute la forêt. En continuant, on atteint la crête de San Tomajo, entre les vallées du Golo et du Liamone, puis, au pied du Monte Tozzo, un autre col, la Bocca Redda, d'où l'on descend, en longeant le ruisseau, vers le lac qui étincelle de mille reflets.

On peut revenir par la bergerie et la forêt de Campotile. Il ne faut pas compter moins de cinq heures pour atteindre le lac, après être allé en voiture jusqu'à la fontaine de Chiaraggio.

LE LAC DE CALACUCCIA

Un lac artificiel baigne le creux du Niolo, entre Calacuccia et Casamaccioli, depuis la mise en service, en 1969, d'un barrage édifié à frais communs entre E.D.F. et une société d'économie mixte, la S.O.M.I.V.A.C. Cet ouvrage permet le stockage de 25 millions de mètres cubes utiles. Les eaux turbinées par E.D.F. sont restituées au Golo après leur passage dans l'usine de Castirla, et récupérées par la S.O.M.I.V.A.C. pour l'équipement hydraulique des riches plaines de Marana et de Casinca, proches de Bastia, à l'extrémité nord de la plaine orientale.

LE PARC NATUREL RÉGIONAL DE LA CORSE

Dès 1968, un an à peine après le décret du président de la République instituant les parcs naturels régionaux, le Conseil général de la Corse demandait que l'île bénéficiât de cette législation. L'initiative fut approuvée en avril de la même année par la Commission interministérielle et la création officielle eut lieu le 27 avril 1971.

Le Parc naturel régional de la Corse représente un immense espoir de succès dans la lutte contre les incendies. Il a également pour but l'amélioration des activités pastorales traditionnelles, la protection des sites les plus beaux et de la faune menacée de disparition, l'arrêt de la désertification de l'intérieur, la restauration des tours génoises qui peuvent encore être sauvées, enfin le balisage de sentiers de grandes randonnées, comme le G.R. 20 permettant de traverser la Corse du nord-ouest au sud-est par la montagne, à travers une dizaine d'étapes dans des bergeries.

Le Parc s'étend sur 150 000 hectares englobant cinquante communes. Du littoral de la Balagne jusqu'à Porto, il se déploie en diagonale — avec une pointe vers l'Asco — par Corti, Ghisoni, Quenza et Levie, d'où il rejoint Porto-Vecchio. Ainsi seront théoriquement protégés les massifs du Cinto, du Rotondo, du Monte d'Oro, du Renoso, de l'Incudine et du Monte Calva ; les plus belles forêts et un littoral dont les beautés naturelles exigent d'être sauvegardées. De la région de Vico, que nous venons de visiter, on peut entrer dans le Parc par Guagno et la forêt de Giardine.

DE LA BALAGNE AU NEBBIO

Nous avons laissé le haut plateau du Niolo. Les deux agglomérations de Francardo, où débouche la route de la Scala, et Ponte-Leccia, neuf kilomètres après, ne prétendent pas susciter par elles-mêmes la curiosité, quoique toutes deux enjambent le fleuve sur de vieux ponts de pierre et que s'y fassent entendre encore les échos de l'Histoire.

N'est-ce pas tout près d'ici, à Pònte-Nòvu, que l'indépendance corse expira en 1769 ? Faisant allusion à cet ultime combat des insulaires contre les envahisseurs français, Voltaire raconta, dans *Le Siècle de Louis XIV*, comment les premiers « se firent un rempart de leurs morts pour avoir le temps de charger derrière eux... » et comment « leurs blessés se mêlèrent aux morts pour raffermir le rempart ».

De ces points de la vallée du Golo partent d'autres vallées, qui donnent accès à toutes les régions de l'île. La plaine est vaste, mais fermée à l'ouest et au sud par les murailles violettes de la chaîne centrale, et à l'est par les hauteurs de la Castagniccia et de la Casinca où dominent le San Petrone et le Sant'Angelo.

C'est de Ponte-Leccia que l'on s'en ira vers « le pays où coule le lait et le miel », la Balagne fleurie. Mais non sans une visite de la piève de Caccia. Pascal Paoli l'appelait l'Egypte de la Corse en songeant à la fertilité légendaire des bords du Nil. La richesse de la terre n'est point ce qui nous guide, mais au contraire les villages de Moltifao et de Castifao, accrochés sur des pentes arides et se dressant dans une altière solitude.

Il aura fallu moins d'une dizaine de kilomètres, depuis le grand carrefour de Ponte-Leccia, pour retrouver, en pénétrant dans les intimidantes gorges de l'Asco, les sensations de vie lointaine et cloîtrée reçues dans la Scala di Santa Regina. Là encore, sur une distance à peu près égale, le défilé s'insinue entre des crêtes rocheuses projetant vers le ciel leur aspérité farouche, le long des brisures du torrent, dont le grondement est amplifié par le gouffre. Il semble que l'on s'enfonce dans un passage sans issue, hors de l'espace et du temps.

L'histoire humaine, mieux que partout, est inscrite dans le site. Le village d'Asco, au sortir des gorges, est aujourd'hui une station touristique bien équipée, point de départ de nombreuses excursions, au printemps et en été ; rendez-vous des skieurs de descente et de fond en hiver. Mais cette irruption du monde moderne ne peut cacher tout un long passé d'autarcie. L'absence de route, jusqu'en 1937, l'expliquait, de même qu'une particulière aptitude des habitants à se suffire à eux-mêmes, grâce aux ressources du sol, certes, mais surtout grâce à une curieuse forme d'esprit communautaire et d'indépendance. Les vieux chroniqueurs ont décrit la petite république ascossaise, dont ils font remonter l'origine aux anciens Ligures. Elle avait à sa tête un chef élu, *il Savio* (le Sage), dont l'avis était sollicité en toutes circonstances mais dont les décisions devaient être entérinées par l'assemblée des représentants de chaque « feu », hommes ou veuves.

En quittant le village, sur la gauche, un chemin conduit au bord du torrent qu'enjambe un pont de l'époque génoise. L'île conserve encore quelques ouvrages de ce style. Etroits, reposant sur des arches de dimensions inégales, ces ponts étaient plus hauts en leur milieu, de sorte que leur profil représentait un angle obtus semblable au sommet d'un fronton grec. Mérimée a décrit leur forme inattendue qui coupe obliquement — et non perpendiculairement — les rivières et les fleuves et s'interrogeait sur l'inutilité apparente d'une telle disposition. Sans doute répondait-elle alors à un but qui nous échappe. De ces anciens ouvrages d'art à l'architecture frappante, il ne reste en maints endroits qu'une ossature effritée. Mais sur l'Asco, sur le Tavignano, sur le Taravo subsistent de ces arcatures singulières, jalons des grandes routes effacées, aussi inséparables du paysage corse que les tours du littoral.

La Balagne, sur le versant occidental de l'île, au creux de son épaule, a des grâces que les farouches contrées de l'intérieur se refusent. Elle s'alanguit au soleil et sourit à l'arrivant. Par la blondeur de ses plages, la richesse de ses vergers, la bonne mine accueillante de ses petites villes où séjournèrent tant d'étrangers, depuis longtemps, et par la singulière harmonie de ses villages d'ocre rose, elle est un puissant pôle d'attraction durant l'été. Les « happy few », la « Jet society » y prennent rendez-vous, sachant qu'ils jouiront ici des principaux agréments de la Côte d'Azur sans subir les importunités de la multitude. Il est du meilleur ton d'être annoncé en Balagne et d'y promener une décontraction élégante, lorsqu'on appartient aux milieux des arts et du spectacle ou qu'on se flatte d'être en droit et en mesure de les fréquenter. Des peintres au talent consacré par les marchands de tableaux, des acteurs célèbres, des chanteurs-idoles possèdent dans le coin une résidence secondaire souvent aménagée dans les murs d'un couvent désaffecté.

Mais ce côté mondain et léger n'altère pas, pour l'instant, le caractère originel de la région, que rien, sinon son climat, son décor de rêve et sa proximité de Nice ne destinait aux sophistications tapageuses. Dès l'abord de Calvi, on comprend que cette ville heureuse a une histoire. Car la première image est celle d'une forte enceinte bastionnée, sur les pentes du promontoire très avancé entre les golfes de Calvi et de Revellata. La citadelle et la ville haute s'abritent à l'intérieur des murs. Vestiges du Moyen Age, témoins des luttes incessantes entre Corses et Génois, ces remparts puissants, ces vieilles maisons sévères offrent un saisissant contraste avec les enjouements de la marine et les douceurs de la plage fameuse, aussi caressante et souple que de la soie.

Au sommet du promontoire de Calvi, au-dessus de l'ancien palais des Gouverneurs, l'église San Gianbattista voudrait rappeler qu'elle fut une cathédrale dont les assises datent du XIIIe siècle. Cependant il fallut la reconstruire plusieurs fois, telles le furent du reste les maisons voisines. Par sa fidélité aux Génois qui l'avaient fondée, en 1268, sur les débris d'une cité romaine, Calvi devait être fatalement soumise à de nombreux assauts, aux sièges répétés et aux tirs des boulets. Elle fut notamment investie et plus qu'aux trois quarts détruite en 1553, par les alliés, Français et Turcs, et en 1794 par les Anglais. Ce fut en cette circonstance, on le sait, que Nelson perdit un œil. La défense résolue des Calvais venait de faire le plus illustre borgne de l'Histoire.

L'espace balanin peut être figuré par un trapèze ayant un côté sur la mer : Calvi-Isola Rossa ; puis des côtés déterminés par Belgodere et Calenzana. Ces deux agglomérations ne s'élèvent toutes deux qu'à trois cents mètres, au départ des ascensions du Monte Padro (2 393 m) et du Monte Grosso (1 941 m). Enumérer, en survolant la Balagne, les forêts de Tartagine et de Bonifato, les bassins du Fiume Secco et du Regino, les plaines de Lozari et d'Algajola, c'est dire la chatoyante variété de la nature.

D'ordinaire, le nouveau venu ne se contente pas d'être conquis. Il cherche ici — et il trouve — les criques de la Grèce, la Sierra espagnole, les collines de Provence, les vergers d'Orient, les plages de Tahiti, tout à la fois. Une telle richesse, une telle diversité lui donnera l'impression, pour avoir visité la seule Balagne, de connaître la Corse entière.

A l'intérieur du trapèze, les noms des villages chantent sur des notes tendres ou altières, toujours poétiques : Marzolino, Argentella, Montemaggiore, Feliceto, Santa Raparata, Monticelli, Corbara... La couleur des maisons, ce brun rouge ou cet ocre rose qui s'allument étrangement dans les dernières lueurs du soleil couchant, lorsque déjà le sol est assombri, résulte du mélange de l'argile trouvée sur place avec la chaux du mortier.

De ces demeures partirent de tout temps des garçons de Balagne qui allaient faire carrière au loin. Comme s'ils avaient reçu de leur terre provision d'énergie et d'audace, ils eurent parfois la vie brûlante et des aventures hors du commun. Une constante de la Corse, de toute la Corse, est d'ailleurs qu'en plus de l'émigration rendue nécessaire par l'insuffisance des possibilités professionnelles offertes sur place, un certain nombre des siens veuillent un jour s'en aller. Il s'agit d'un comportement atavique. Mais cette île à laquelle on s'arrache sans cesse, à la recherche de l'inconnu ou pour l'accomplissement d'un destin pressenti, on ne l'abandonne jamais. Un peu partout dans le monde, des Corses pensent au retour. Et ces pensées, soutenues, nourries de souvenirs et d'espoirs, sont une flamme devant l'image d'un paradis perdu, celui de l'enfance et de la jeunesse.

La route qui longe la baie de Calvi va franchir le Fiume Secco et traverser Lumio, blotti en amphithéâtre au-dessus du golfe, puis Algajola. Les débris des anciennes fortifications, le château fort, que l'on dirait emprunté aux illustrations d'un conte de fées, les habitations, tout le village est bâti au bord d'une plage de sable fin. S'il fallait choisir un décor idéal au simple bonheur d'exister, celui d'Algajola l'emporterait aisément.

En continuant vers le nord, au-delà de la Punta Vallitoni et la Bocca di Fogaro, apparaît enfin Isola Rossa, francisée en l'Ile Rousse. Elle est en aimable compétition avec Calvi en tant que lieu de villégiature. Son nom vient de la couleur des îlots qui émergent près du rivage, auquel ils sont reliés par un pont. Les Romains, déjà, auraient appelé ces masses de granite *Rubico Rocega* (de la pierre rouge). Mais la cité ne fut fondée qu'en 1758, par la volonté de Pascal Paoli, pour concurrencer les ports voisins d'Algajola et de Calvi restés fidèles à la cause génoise. Elle devait s'agrandir et prendre régulièrement de l'essor jusqu'en 1765, faisant dire au chef de la nation : « *Aghju piantatu e forche per impiccà Calvi* » (j'ai dressé la potence de Calvi).

Les deux cités, aujourd'hui, ne rivalisent que de charme dans la Balagne heureuse. La baie, la plage, les douceurs lumineuses de la petite ville, ses équipements touristiques concourent à la séduction qu'elle exerce infailliblement.

Isola Rossa est le point fixe de randonnées indispensables, dans un assez large rayon. En direction du nord, la route nationale 199 s'élève considérablement au-dessus de la mer. De cette entaille dans le roc, sur quatre mille mètres, le panorama découvert est un réel enchantement. La tour de Lozari ponctue l'extrémité du promontoire. On retrouve une plage de sable, puis l'embouchure de la rivière est traversée. La plaine enfin, dominée par une autre tour génoise.

L'industrie des vacances s'est implantée ici avec vigueur. Dans ce site admirable, comme d'ailleurs sur toute la côte de Balagne et sur celle du Nebbio où nous allons, il ne faut pas s'étonner de rencontrer les surgeons de l'universelle et tentaculaire civilisation des loisirs. Des cavaliers guidés par un moniteur, des voiles nombreuses piquetant les flots, une affiche, au détour du chemin, annonçant un tournoi de bridge ou une manifestation culturelle sont à peu près inévitables. Ceux qui confient volontiers à d'autres le soin d'organiser leurs vacances en sont ravis.

On ne tarde pas à franchir le pont de l'Ostriconi et tout de suite se révèle, jusqu'à l'infini çà et là barrée par la montagne, une vaste étendue d'aspérités rocheuses, blanchâtres ou jaunes, de terre apparemment poussiéreuse, couverte de taches de maquis nain et de plaques de végétation rabougrie. Des monts atteignant quelques centaines de mètres, tels des cônes de pierre, parsèment la désolation de ce paysage. Nous sommes dans le désert des Agriates. Quelques maisonnettes de berger, aux murs bas, prouvent que cette quinzaine de milliers d'hectares en bordure de la mer contient des pâturages. En réalité, ils sont considérables. Malgré son aspect, cette terre, que n'encombrent pas les arbrisseaux dont une grande partie de l'île est couverte, donne de l'herbe sur une grande surface. Les éleveurs de la région sont ainsi favorisés. A la lisière du désert, les habitants des communes voisines cultivent des céréales.

L'étrangeté du lieu, la beauté du nom ont inspiré à Pierre Benoit un roman : *Les Agriates*. Quoique la psychologie de cette œuvre soit fausse et que les mœurs évoquées paraissent anachroniques, le roman vaut par l'atmosphère et les descriptions, dont on a particulièrement retenu celle de la courte floraison, au printemps, de tout le désert se parant alors de pourpre, d'incarnat et de vermillon.

On s'enfonce réellement dans les Agriates, non point par la lecture de Pierre Benoit mais dans un circuit riche en surprises agréables. La route monte sur le flanc d'un de ces larges cônes qui vallonnent le désert et parvient à un col de 312 mètres, la Bocca di Vezzo. De là le voyageur découvre au loin le golfe de San Fiorenzo et, dans la perspective, la longue et fine dentelure du cap Corse qui montre du doigt l'horizon.

Une dizaine de kilomètres encore et la sortie du désert s'annonce par de vastes champs d'oliviers auxquels succéderont, ou plutôt se mêleront des cultures de blé ou de maïs, des prairies, des vignes. Il semble que le chemin n'en finisse pas malgré la beauté du paysage, la lumière, les couleurs.

Enfin l'éblouissement de la petite capitale du Nebbio. L'ancienne place forte génoise, que les intendants du roi de France trouvèrent plus commode d'appeler tout de suite Saint-Florent, est couchée sur la mer qui l'enveloppe de caresses. Ainsi la ville s'avance-t-elle au milieu d'un golfe, dont l'incomparable splendeur ne manque jamais de provoquer autant de surprise que d'admiration. Les suavités du paysage marin et la puissance des montagnes qui l'entourent, les langueurs du rivage et les mines guerrières de la citadelle génoise, le nautisme de luxe et l'église pisane à trois nefs coexistent dans une harmonie subtile et fortement imagée. Aimable, Saint-Florent, à coup sûr, est follement aimée.

Le Nebbio n'a livré qu'un de ses joyaux. En gagnant l'intérieur par la vallée du Guadello, le chemin nous fait traverser le bourg seigneurial d'Oletta, le petit village d'Olmeta-di-Tuda, où se voit le château du maréchal Sébastiani, puis un col à 349 mètres : la Bocca di San Stefano. De là s'embranche la départementale qui conduit à la fameuse église médiévale de San Michele di Murato, du XIIe siècle.

Vestige de la domination pontificale, San Michele est, par sa décoration extérieure, la construction religieuse pisane la plus originale et la plus belle de Corse. Le parement polychrome, vert foncé et blanc vif, en bandes alternées, parsemé de blocs de marbre rose, provient de gisements locaux. Deux colonnes robustes, composées de tambours successivement verts et blancs, et soutenant une tour-clocher carrée très simple et très curieuse, forment un abri devant la porte principale. Les chapiteaux sont ornés de motifs à faible relief. La façade à trois arcades, offre une seule entrée, au centre. Sur les murs latéraux et l'abside, une autre arcature soutient la corniche. Des tympans sculptés, le linteau des portes couvert d'incrustations et de sculptures constituent l'ornementation inattendue. Mais ce sont surtout les verts et les blancs contrastés, répandus sur tout l'édifice, qui rendent San Michele remarquable. Analysant la première impression produite par ce parement, Prosper Mérimée écrivait : « D'abord on ne peut distinguer aucune combinaison régulière et l'œil n'est frappé que d'un papillotage bizarre... » L'étrangeté de cette petite église l'avait beaucoup saisi, et, à son propos, il ne craignait pas d'évoquer — toutes proportions gardées, s'entend — le dôme de Pise.

Après le petit détour qu'exigeait la visite de San Michele, la nationale 843 nous engage dans la vallée du Bevinco. Au paysage agreste succède brutalement une gorge étroite et profonde, entre le Monte Pinzali, sur la paroi verticale duquel a été entaillée la route et, tout près, de l'autre côté de la rivière, les murailles abruptes du Monte Rotto. C'est le défilé de Lancone. Sur 1,5 km resurgissent les impressions éprouvées dans la Scala di Santa Regina. Grandeur, vertige, sauvagerie et solitude se dégagent soudain d'une nature un peu effrayante mais qui a la captivante beauté des grandes séductrices.

Le panorama s'ouvre brusquement comme un éventail. Sorti de l'étau de Lancone, le Bevinco serpente vers la plaine où miroitent, dans le lointain, l'étang de Biguglia et la mer Tyrrhénienne.

CHRISTOPHE COLOMB ET CALVI

Calvi montre à ses visiteurs les débris de « la maison natale » de Christophe Colomb, dans la vieille ville et la rue qui porte aujourd'hui son nom.

Depuis longtemps, Gênes et Calvi — sans parler de quelques villes espagnoles — se disputent l'honneur d'avoir donné le jour à l'amiral. En réponse aux études écrites en faveur de la thèse corse, les Italiens, avant la guerre, avaient publié un ouvrage considérable par ses dimensions et l'abondance de ses illustrations, mais non point — on le dit en toute objectivité — par les preuves qu'il prétendait fournir.

On sait que dans son couvent d'Espagne, Colomb s'entretenait avec le supérieur dans une langue qui n'était ni le génois, ni le toscan, ni l'espagnol. Le moine aurait été d'origine corse.

Quant au navigateur...

DAVIA, IMPÉRATRICE DU MAROC

Ghiàbicu-Maria Franceschini et son épouse, Silvia Monti, tous deux de Corbara, en Balagne, furent enlevés par des corsaires barbaresques vers le milieu du XVIIIe siècle. Conduits à Alger, ils furent achetés pour le compte du dey. Celui-ci chargea le Corse de tâches administratives. Franceschini aurait prospéré à cet emploi, jusqu'au jour où il aurait eu connaissance d'un complot, dont il aurait averti son maître. En remerciement, Franceschini reçoit, en plus de la liberté pour lui et son épouse, des présents où dominaient l'or et les bijoux. Les esclaves libérés prennent place à bord d'un bâtiment de Livourne pour retourner dans leur pays. Nouvelle capture. Cette fois ils tombent entre les mains de barbaresques tunisiens.

Telle est l'histoire rapportée par la tradition.

De tout cela, il n'y a qu'une certitude vérifiable, documents à l'appui : c'est à Tunis qu'une fille des Franceschini, Marthe, fut baptisée par un prêtre de la mission des Capucins, le 29 avril 1756. Elle était vraisemblablement née dans la même ville quatre jours plus tôt. (Cf. Jacques Caillé : Davia Franceschini et sa famille, *Paris, Pedone, 1968.)*

On ignore en quelles circonstances cette famille parvint au Maroc. Un garçon plus jeune que Davia naquit, le 29 novembre 1759, alors que ses parents étaient esclaves. Il deviendra Commissaire français des relations commerciales au Maroc.

Marthe fut élevée dans le sérail du sultan, où elle reçut le prénom musulman de Dâwiya, déformé dans les récits en Davia. Elle devint, cela est sûr, l'épouse favorite de Sidi Mohammed ben Abdallah, qui régna de 1757 à 1790.

LA CÔTE ORIENTALE ET BONIFACIO

De Casatora, banlieue bastiaise où nous a conduits le défilé de Lancone, nous devons résister, parce que notre itinéraire l'exige, au désir d'une première incursion dans le chef-lieu du département de Haute-Corse. Mais d'autres régions nous attendent, totalement différentes de celles qui ont été visitées jusqu'ici. Leur mérite n'en est pas moins grand à tous égards. Il faut réserver pour les dernières étapes de ce voyage, Bastia et le cap Corse, dont les images finalement si contrastées laisseront un souvenir inoubliable. Le cliché toujours repris de la « montagne dans la mer » va recevoir un nouveau démenti à propos de la plaine orientale. A l'échelle du pays, elle n'est que l' « étroite bande alluvionnaire » décrite par les géographes. Par son intérêt économique, ses richesses archéologiques, son patrimoine culturel, ainsi que par le charme particulier, un peu envoûtant, dont elle enveloppe toutes choses, cette plaine doit être considérée sous l'angle de son contenu plutôt que sous celui de son étendue.

Revenant un peu vers le sud, sur la nationale 193, nous serons rapidement à Borgo. Le nom et le lieu sont mémorables : les patriotes corses y ont écrasé les troupes du roi de France en septembre 1768. Après le village, sur la gauche, la route départementale 107 conduit directement aux restes de l'antique ville de Mariana. Fondée par Marius en 93 av. J.-C., la cité, qui fut jadis destinée à soutenir l'implantation des Romains dans l'île, avait été plusieurs fois détruite et reconstruite. Les vestiges furent peu à peu recouverts, dès le haut Moyen Age, par les couches successives de terre drainées par le Golo. Ils sont remis au jour, méthodiquement, grâce à la compétence et à la ténacité de Mme Geneviève Moracchini-Mazel, archéologue, spécialiste éminente de l'antiquité classique et des périodes paléochrétiennes et romanes. Ses travaux sont féconds et c'est une chance, pour toute une époque de l'histoire de la Corse sur laquelle subsistaient de grandes zones d'ombre, que Mme Moracchini-Mazel ait choisi d'exercer dans son île.

Sur le site de Mariana, seule la cathédrale romane, de style pisan, vraisemblablement construite vers la fin du XIe siècle, subsistait à l'époque moderne. Elle avait d'ailleurs fait l'objet de consolidations et restaurations successives. De dimensions modestes (32 m de longueur, 12 m de largeur, 13 m de hauteur), cette église, appelée la Canonica, avait été construite sur le plan très simple d'un rectangle terminé au levant par une abside en demi-cercle. « De grandes dalles de marbre dont la tonalité est gris fauve doré, mais qui comporte des teintes variées, orange, vert pâle et bleu... L'utilisation savante de cette polychromie naturelle... la perfection de la taille des pierres, appareillées avec un soin extrême, presque à joints vifs, ainsi que la pureté des volumes essentiels, caractérisent l'œuvre du maître de Mariana, dont on regrette de ne pas connaître le nom. » (Geneviève Moracchini-Mazel : *Les Eglises romanes de Corse,* 2 vol., 1967.)

Si près de la mer, il est naturel que l'on se sente poussé jusqu'au rivage. La visite de la Canonica, puis de la jolie petite église — de la même époque et du même style — dédiée à San Parteo, martyrisé en Corse, peut être suivie d'une pause à Mariana-Plage.

Au retour, passé Casamozza, nous empruntons maintenant la nationale 198 qui file d'un trait jusqu'à l'extrême sud de l'île. Mais comment passerait-on au pied de la Casinca sans s'y arrêter ? S'étageant entre 140 et 400 mètres d'altitude, au milieu de vignobles et de jardins en terrasses, entourés de châtaigniers et d'oliviers, les villages de Vescovato, Venzolasca, Penta-di-Casinca et Castellare-di-Casinca fournissent le but d'un agréable circuit par la route 846. La Casinca fut la patrie de personnages célèbres et de familles importantes (Filippini, chroniqueur du XVIe siècle, Andrea Ceccaldi, l'un des chefs de la Révolte au XVIIIe siècle, les familles de Buttafuoco et de Casabianca). La promenade ouvre à tout instant une vue superbe sur la plaine et la mer, confondues en leur respiration dans une sorte d'irréalité lumineuse.

Limitrophe de la Casinca, la Castagniccia, ou « pays des châtaigniers », invite le voyageur. Située entre le Golo et le Tavignano, la dépression du centre de la Corse et la plaine orientale, cette région — l'une des plus importantes de l'île par le sol, le passé, la population — se dresse comme une forteresse aux cent tours, recouverte par l'épais manteau des arbres. Il faut consacrer à la Castagniccia plusieurs heures ou quelques jours. Le petit jeu de citer les hommes et les événements, au passage, est ici impossible. Pendant un siècle, au moins, l'histoire de la Castagniccia s'est confondue avec l'histoire de la Corse. Et puis, tous ces souvenirs jaillisant sous les pas du voyageur ne laissent point d'être un peu essoufflants. Il y en a trop, parce qu'au lieu de monuments et d'œuvres d'art, la Corse, en sa pauvreté et sur une continuelle défensive, a surtout produit des actions et des hommes. Que de grandes destinées aient pris naissance en des bourgades si humbles et reculées, au point que chacune honore les siennes, voilà l'étonnant, qui est justement la cause de cette irrépressible remémoration, chemin faisant.

C'était en Castagniccia, plus peuplée que les autres provinces insulaires, qu'étaient fabriqués les meubles, les tissus, les objets usuels, les outils, les armes. Les couvents y étaient plus nombreux et plus vastes, les églises mieux ornées et plus belles, les écoles plus fréquentées.

Aujourd'hui, indépendamment des extraordinaires vertus du thermalisme local, et contradictoirement, pourrait-on dire, la Castagniccia semble avoir une influence sédative éprouvée dès le premier contact. En effet, au bord même des sources ferrugineuses, dont la puissance réelle pourrait être comparée sans plaisanterie à la puissance mythique des épinards de Popeye, on est rapidement envahi de bien-être et de calme olympien. Les autochtones, aimables, mesurés, silencieux, en offrent le miroir exact et convaincant.

La meilleure voie pour s'enfoncer dans les méandres de ces vallées étroites, compartimentées en tous sens par de hautes collines aux versants abrupts et boisés, est la nationale 847 qui longe, au départ, le lit du Fium'Alto. Les villages apparaissent à l'extrémité de pointes avancées, se regardant et s'affrontant au-dessus des profondeurs moutonnantes de la châtaigneraie. Tels d'entre eux ne sont qu'à une centaine de mètres, à vol d'oiseau, et à dix ou quinze kilomètres par la route, qui contourne tous les replis des pentes et parcourt un cirque aux trois quarts pour joindre les deux agglomérations.

Au Ponte Bianco, le chemin qui avait suivi jusqu'alors la rive gauche du Fium'Alto passe sur la rive droite et conduit aux très riches sources d'Orezza. Les curistes, les touristes, les Corses désirant prendre du repos et des forces séjournent à Stazzona, dans un cadre feutré où le moindre souffle du ciel soulève des bruissements dans l'océan de feuillages. En face, de l'autre côté d'un impressionnant ravin, les façades trompeuses de Carcheto, village dont une vendetta a jadis expulsé la population entière, se pressent sur l'arête d'un piton rocheux comme le décor intact d'une tragédie perdue.

Plus loin et à 636 mètres d'altitude, la terrasse de Piedicroce fait une grande tache claire au milieu de l'immense châtaigneraie. Centre historique et administratif de la piève d'Orezza, ce bourg est un excellent camp de base pour rayonner dans toutes les directions. L'église de San Petru Paulu est la première apparition du baroque italien en suivant cet itinéraire. La Castagniccia possède d'autres édifices du même ordre dont le plus remarquable se situe à La Porta. Désormais, tous les cinq ou dix kilomètres apportent une découverte, la première étant, à la sortie du bourg, le couvent en ruines d'Orezza, détruit par les Allemands en 1943. De l'église conventuelle ne subsistent que des pans de murs et le clocher, du style que l'on aimait tant dans la région et qui s'attache ailleurs au souvenir des Jésuites. Haut lieu de l'histoire de la Corse, ce couvent abrita la plupart des réunions décisives tenues par les patriotes au cours du XVIIIe siècle.

La traversée de Campana, la vue de Nocario précèdent de peu l'embranchement de La Porta d'Ampugnani. L'église, antérieure au campanile, occupe un côté de la place du village et domine l'immense amphithéâtre au-dessus du Fium'Alto. Le baroque italien atteint ici une magnificence étonnante, avec ce clocher, le plus haut, le plus élégant, certainement le plus beau de l'île, érigé en pierres blondes à reflets d'or. Consacrée à San Ghianbattista, l'église fut commencée en 1644 et constamment embellie et agrandie jusqu'en 1886. La façade a été dessinée par l'architecte Baïna, qui dirigea aussi la construction du campanile, et de sa coupole due à Pompei de Quercitello. San Ghianbattista de La Porta a été classée monument historique en 1975.

Du col de Prato (980 m) qui forme un plateau herbageux, la route s'engage dans la vallée de la Casaluna, au nom si poétique. Les pentes multi-

Sartène *112. Dans la vieille ville →*
113. Vue générale →

Bonifacio

114. Les falaises
115, 116. Pêcheurs

← 117. Rochers de Roccapina

118. Pinarello

ples sont parsemées de petites agglomérations. Dans le soleil couchant, les fenêtres des maisons couvertes d'ardoises s'allument comme des lampes. Vers l'occident, les cimes du Rotondo, du Paglia Orba et du Cinto se perdent dans le dégradé du ciel.

Morosaglia conserve l'ancien couvent de Rostino, aujourd'hui désaffecté, qui fut témoin d'une entrevue entre le général des Corses et le jeune Napoléon Bonaparte. Les Consultes nationales y siégeaient. Mais Morosaglia s'enorgueillit surtout, à juste titre, de la maison natale de Pasquale Paoli. Mort dans son exil londonien et inhumé provisoirement en Angleterre, le grand patriote repose dans cette maison depuis 1883.

Au départ de Piedicroce, nous ne laisserons la Castagniccia qu'après avoir contourné dans une autre direction la vallée du Fium'Alto. La nationale 197 traverse le hameau de Pie d'Orezza, passe au-dessus de Campodonico en équilibre sur le gouffre et, continuant sa percée dans la chair vive de la châtaigneraie insondable, parvient au col d'Arcarotta.

Entre les deux rives de l'Alesani, qui s'évasent en lignes sinueuses, de nouvelles agglomérations se tapissent au milieu des arbres : Tarrano, Felce, Querceto, Castagneto, Terivola, Perelli, Ortale. Près de Perelli existe encore l'ancien couvent d'Alesani, où Théodore de Neuhoff fut élu roi de Corse. Un roi aussi éphémère que pittoresque.

Enfin, la châtaigneraie fait place au maquis. Par la Bocca d'Aja alla Serra, petit col de 408 m, on quitte le bassin de l'Alesani. Ce sera maintenant une descente continue vers la plaine orientale retrouvée. Avant d'y parvenir, Cervione s'étage en balcons, 326 mètres au-dessus de la mer. L'ancienne ville épiscopale jouit d'une situation unique en Corse.

A la jonction de la route nord-sud et de celle de Cervione, le hameau de Prunete possède une des plus belles plages de sable fin de la côte orientale. En direction d'Aleria, le pont de Bravone est franchi, puis l'Arena qui se jette dans l'étang de Diana, où était situé l'ancien port d'Aleria (*Portus Dianae*). A notre époque, l'ensablement a presque supprimé la communication avec la mer. Après l'embouchure du Tavignano, sur la rive gauche, Cateraggio, puis, quelques centaines de mètres plus loin, construite sur une colline, la cité d'Aleria, avec son fort génois du XVIe siècle où a été aménagé aujourd'hui l'important musée Jérôme Carcopino. Dans les onze salles du musée, les professeurs Jean Jehasse et Laurence Jehasse-Mari présentent l'Aleria préromaine, puis l'Aleria romaine, puissamment évoquées par des poteries et des monnaies du plus haut intérêt.

Le site possède une histoire extrêmement riche. Dès le VIe siècle avant J.-C., les Phocéens, chassés d'Ionie par les Perses, s'établissent ici. La ville, baptisée Alalia, devient très vite une plaque tournante entre la Méditerranée occidentale, la Méditerranée orientale et l'Afrique. Elle conservera son importance économique et stratégique alors même que ses habitants, s'étant rendus définitivement maîtres de Marseille, y transporteront leur métropole.

Pendant les guerres puniques, les Carthaginois furent évidemmment attirés par cette base idéale pour leurs projets d'expédition. Les Romains les en chassèrent en 259. Alalia, transformée en Aleria, est le chef-lieu administratif, politique et militaire de la Corse romaine. Sylla, puis Auguste agrandissent la cité, qui progressera régulièrement jusqu'aux invasions vandales du ve siècle de notre ère.

Ces mille ans d'histoire ont laissé des vestiges spectaculaires. M. Jehasse a exhumé le forum, des thermes, les gradins du théâtre et bien d'autres restes de la cité antique dont, selon lui, les trois quarts n'ont pas encore été dégagés. Le champ de fouilles, d'après les archéologues, est l'un des plus importants de France pour l'antiquité classique, même s'il ne contient pas de monuments à peu près intacts comme en possède la Gaule romaine.

Un peu plus loin vers le sud, Ghisonaccia centralise les activités commerciales de la plaine orientale. Son essor récent a pour origine la disparition de la malaria (grâce à l'invention du D.D.T.), et la mise en valeur, par leurs propriétaires eux-mêmes, des domaines agricoles demeurés latifundaires jusqu'au lendemain de la guerre mondiale.

Il est pourtant exagéré de parler, comme on le fait souvent, d'un miracle opéré par les rapatriés d'Afrique du Nord. Il n'y a pas de miracle. Cette région de l'île avait été considérée, par maints historiens, comme l'un des greniers de Rome. Si la polyculture, par la suite, y céda progressivement la place à l'élevage, ce fut en grande partie à cause de la carence du pouvoir central — quel que fût le régime — qui ne procéda jamais aux travaux d'assainissement et d'adduction nécessaires. Encore ne doit-on pas généraliser et prétendre que cette terre fertile était complètement abandonnée. Prospère du temps des Génois, elle le resta par la suite. Pour l'époque contemporaine, surtout depuis et après le Second Empire, on peut lire, par exemple, dans le « Guide Joanne » édité par Hachette en 1898 : « A côté du domaine de Casabianda (domaine de l'Etat), se trouve le magnifique domaine de Marchigliani (750 hectares ; vignes, céréales, prairies, etc.), où M. Etienne Leca a réalisé de véritables prodiges de culture... ». Comme il s'agissait de mon grand-père, je puis en parler en connaissance de cause. Encore n'était-il pas résident, à cause de fonctions administratives et politiques. Mais mon père s'installa pour de bon à Marchigliani et y exploita la propriété pendant treize ans. J'ai souvent entendu évoquer, plus tard, l'extraordinaire abondance des récoltes, la profusion des produits de la terre et du bétail, la qualité du vin, ici, mais également dans les domaines voisins. Cependant, ce que l'on appelle aujourd'hui « l'économie de marché » était alors en si piteuses conditions que les céréales, les fruits, les animaux de boucherie et de basse-cour ne trouvaient preneurs qu'à des prix dérisoires, inférieurs aux prix de revient. Il était fatal que Marchigliani, telles les autres exploitations de la plaine, fût donnée en fermage. Après la dernière guerre, enfin, le domaine sortit de ma famille. Je me suis permis de citer ce cas qui me touche de près parce qu'il est exemplaire. Les rapatriés eurent la chance — et l'on s'en félicite pour eux ! — d'obtenir toutes sortes de facilités jusque-là continûment et obstinément refusées aux Corses, de même qu'ils bénéficient d'une politique européenne de soutien des prix agricoles qui eût semblé chimérique il n'y a pas très longtemps. De ce contraste entre les deux situations — celle des autochtones et celle des rapatriés — subsistent non seulement des ferments d'aigreur, mais un malaise social, des contestations et revendications dont les effets en chaîne ont eu déjà des conséquences tragiques et risquent de ne pas disparaître aussi vite qu'il serait souhaitable.

De Ghisonaccia, une route conduit à Ghisoni, dans la montagne. Elle traverse le défilé de l'Inzecca, taillé dans un massif de roche métamorphique, de teinte vert sombre. Il domine le torrent du Fiumorbo, où des bouquets d'arbres garnissent d'agréables plages roses. A Ghisoni, pittoresque village réputé pour les qualités intellectuelles de ses enfants, le Kyrie Eleison et le Christe Eleison dressent à huit cents mètres leurs orgues de pierre.

Au retour, de nouveau dans la plaine, la nationale 198 atteint bientôt l'embranchement de la route de Zonza, par le col de Bavella (1 243 m). Les aiguilles de Bavella, une des merveilles de la nature, projettent leurs pointes acérées de granite rouge au-dessus d'une épaisse forêt de pins.

La route du littoral traverse Solenzara, station balnéaire moderne nichée dans les eucalyptus géants, auxquels vont se mêler progressivement des chênes-lièges. La côte devient rocheuse et forme une suite de criques et de baies abritant des plages de sable qui se détachent parmi la futaie. Ce sont les marines de Manichino, Cala d'Oro, Cannella, Favone, Pinarello, dont l'atmosphère et l'aspect paradisiaque attirent la convoitise de quelques grandes fortunes étrangères et de promoteurs, pour qui la splendeur du site, la relative solitude, le soleil qui l'inonde et la mer couleur de turquoise ne constituent qu'un « gisement touristique » *(sic)* de premier choix.

Enfin, le golfe de Porto-Vecchio apparaît, s'enfonçant profondément dans cette terre du sud où les charmes de la plaine et de la montagne, de la mer et de la forêt, les parfums et les couleurs s'entremêlent avec tant de bonheur qu'il n'existe rien de plus beau, semble-t-il.

La ville, avec ses anciennes fortifications, ses hautes maisons austères, son port de commerce, l'industrie du liège, l'expansion touristique, tient la seconde place sur la côte orientale, après Bastia. Tout de suite conquis, le nouveau venu ne rêve, désormais, que de séjourner sinon de s'établir en ce lieu porteur d'étrange et pénétrante séduction.

Pour atteindre Bonifacio, à l'extrême sud de l'île, la route s'écarte un peu du littoral, qu'elle retrouve brièvement près du golfe de Santa Giulia avant de s'enfoncer dans l'éperon de craie blanche sur lequel est bâtie la ville, la plus curieuse de la Corse et, affirme-t-on couramment, l'une des plus curieuses d'Europe. Ce socle de calcaire soudé à la masse granitique de l'île est à lui seul du plus surprenant effet. Mais Bonifacio, perché sur de hautes falaises en surplomb aux strates horizontales et creusées à la base de grottes profondes, semble un décor irréel à qui vient ici pour la première fois.

Cette cité tiendrait son nom du marquis Boniface de Toscane qui l'aurait fondée, en 828, au cours d'une expédition contre les Sarrasins. Elle se constitua ultérieurement en commune autonome. C'est peut-être de ce lointain passé que survivait, naguère encore, la drôle d'expression : « Je vais en Corse », prononcée par les Bonifaciens se rendant dans l'intérieur de l'île. Il est en tout cas certain que les Génois s'emparèrent de Bonifacio à la fin du XIIe siècle et y établirent une place forte qui devait tenir, contre vents et marées de l'histoire, jusqu'au rattachement à la France. Quelques années seulement avant la dernière guerre mondiale, la langue maternelle des Bonifaciens de la ville haute ainsi que de quelques marins-pêcheurs n'était pas le corse, ni le toscan, mais le ligurien, idiome très particulier que, même en Italie, les Génois de vieille souche sont seuls à comprendre. Du temps de la longue domination de la Sérénissime et de la Banque de Saint Georges, Bonifacio bénéficiait d'un statut particulier lui octroyant un Sénat et le pouvoir de battre monnaie.

Cette histoire séparée, au cours des siècles, la ville haute la fait revivre à la moindre sollicitation de l'esprit. L'aspect fortement moyenâgeux des longues rues en pente et contournées, que de très anciennes demeures enferment en d'étroits boyaux traversés par des arcs-boutants les soutenant entre elles, est puissamment évocateur. Plusieurs édifices datent du XIIe siècle ou du XIIIe, tels l'Ospedale Santa Croce ou l'église Santa Maria Maggiore. Tout en haut, dans l'enceinte de la citadelle, le couvent des Dominicains, mais surtout l'église d'aspect fortifié de San Dumenicu, construite par les Templiers entre le XIIIe et le XIVe siècle, couronne ce foisonnement d'images d'une époque médiévale que l'on a l'impression de saisir ici dans le détail de la vie quotidienne. De ces maisons aux murs épais et plus ou moins inégaux, dans lesquels un rectangle d'ombre laisse entrevoir un étroit et raide escalier se perdant dans l'obscurité des âges, ne va-t-on pas voir surgir soudain le Bonifacien qui eut à soutenir le terrible siège mis par Alphonse d'Aragon, en 1420, celui qui dut échapper à la peste noire de 1528 ou accueillir Charles Quint vingt-six ans plus tard ? Les lieux n'ont guère changé depuis ces événements. Et comme à ce Bonifacien d'autrefois, du sommet des remparts la mer nous apporte les vents de l'Afrique et la silhouette embrumée de la Sardaigne voisine.

Le monde actuel, nous le retrouvons dans l'animation souriante de la Marine, sur le port, où se pressent les visiteurs étrangers — l'arrivée du bateau de La Maddalena provoque un surcroît de mouvement et de couleur — et où les nombreux restaurants offrant des spécialités locales, les boutiques de mode et des marchands d'articles de pêche entretiennent un va-et-vient incessant. Le quai longe le goulet profond de 1 600 mètres, abri idéal et presque fermé entre deux hautes falaises de craie.

SARTENE, L'ISTRIA, BASTELICA, CELAVO-MEZZANA, VIZZAVONA

Année 1975. Dernier jour du mois d'avril. Le Sénat adopte, moins de quatre semaines après l'Assemblée nationale, la loi divisant la Corse en deux départements. Ils reçoivent les noms de « Corse-du-Sud » et de « Haute-Corse ». Le premier comporte les arrondissements d'Ajaccio (préfectures régionale et départementale) et Sartene ; le second comprend les arrondissements de Bastia (préfecture), Corti et Calvi.

Instituée en 1793 par la Convention et supprimée en 1811 par le Premier Empire, la partition administrative de l'île, ainsi, renaît de ses cendres par la grâce de la Ve République. Deux raisons principales sont invoquées par le législateur : faire rentrer la Corse dans le droit commun des régions ; rapprocher l'administration des administrés du nord. Le gouvernement se défend néanmoins de vouloir porter atteinte à l'unité politique, morale, sentimentale et historique du pays.

Les noms choisis pour les deux départements, jadis appelés « département du Liamone » et « département du Golo », ne visent qu'à la commodité. En effet, la Haute-Corse englobe la Corse du centre, tandis que la Corse-du-Sud ne se limite évidemment pas à la partie la plus méridionale.

Dans celle-ci le paysage humain est aussi particulier que le paysage physique. Croyances profondes, habitudes d'esprit, réactions instinctives, une manière d'être et de paraître sont communes aux gens de Porto-Vecchio et de Levie, de Tallano et de Zonza. Bien sûr, les prodigieux influx qui rabotent le monde occidental et le rendent uniforme n'ont pas épargné la Corse-du-Sud. La société de classes, si nettement établie et marquée, ici, jusqu'à la dernière guerre, a craqué depuis par toutes ses jointures. Car elle était basée sur l'échange de services entre les grands propriétaires et les autres citoyens. Une allégeance tacite de ces derniers, contre une prise en charge amicale par ceux-là, conditionnait une bonne entente. Il était fatal que le morcellement progressif des terres, notamment des vignobles, distendît des liens passablement anachroniques. L'action politique, l'ouverture sur l'extérieur, la réussite sociale des jeunes générations issues de milieux économiquement très modestes ont parachevé en quelques décennies une transformation complète de cette collectivité traditionnelle.

Mais certains traits de caractère demeurent d'autant plus fortement marqués qu'ils appartiennent à tous les Sartenais d'origine. Individualisme, exaltation de l'amitié, conception pointilleuse de l'honneur, haute idée de la virilité subsistent comme des plantes rares, cultivées dans la serre chaude d'une mentalité que nul, dans le fond, ne désire remettre en cause.

Ce n'est point par goût du folklore, par surenchère ou forfanterie que les panneaux indiquant l'entrée de Sartene la déclarent, si longtemps après Prosper Mérimée, « la plus corse des villes corses ». Bien sûr, l'acceptation sans réserve de cette prétention nécessiterait d'abord une définition précise de ce qui est plus ou moins corse. Admettons qu'aux manières acquises de sentir et de réagir, brièvement esquissées dans ces lignes, correspondent un habitat, des murs, des rues et des places offrant une apparence déterminée.

Sartene, il est vrai, se montre dès l'abord sévère, austère, altière et fortement marquée, comme si elle avait voulu les retenir à jamais, par les jours engloutis dans les gouffres du temps. De cette ville établie sur le sommet d'une colline dominant toute la vallée du Rizzanese, de la géométrie compacte de ces hautes maisons au volume très pur, très allongé, dont les étroites fenêtres contribuent encore à l'aspect monolithique de l'ensemble, s'exprime une sorte d'intention de tenir en respect le monde extérieur.

Mais Sartene est accueillante, telle une vieille dame sachant recevoir. Il faut se promener longuement, sans hâte, dans la ville ancienne où le Moyen Age déjà rencontré à Bonifacio resurgit avec autant de puissance évocatrice.

Pour venir de Bonifacio à Sartene, la nationale 196 a rejoint la côte occidentale, franchi les cols d'Arbia et de la Testa d'où l'on domine la mer, enfin le village de Pianottoli-Caldarello dont les maisons basses se confondent avec d'immenses blocs de granite à reflets d'argent terni. Un peu plus loin, la maison cantonnière de Roccapina offre une halte habituelle. Personne ne passe là sans s'arrêter pour contempler à loisir, au bout de la lande sauvage, le surprenant amoncellement de rochers figurant toutes sortes de silhouettes, au milieu desquelles se détache nettement, avec un réalisme étonnant et une pureté de lignes remarquable, le lion de Roccapina, qu'une très belle allégorie de la Corse avait choisi comme élément du décor, en perspective, devant la Méditerranée.

En quittant Sartene, que l'on continuera de voir sur la hauteur, impavide, la route s'en va sur quelques kilomètres au côté du Rizzanese. C'est la descente vers le golfe de Valinco, dont les multiples enchantements ont été découverts assez tard, avec un étonnement légèrement réprobateur, par les septentrionaux amoureux du soleil et des plages. Il y a de quoi en vouloir à la Corse, en effet, de ne pas s'être offerte plus tôt, en entier, et d'avoir caché tant de grisante beauté sous un voile de pudeur et de détachement. Le fervent adorateur de natation en eau calme, de sable blanc et de ciel d'azur tendu sur les arêtes de montagnes d'améthyste s'abandonne à l'euphorie. Cependant, ses idées sur la vocation du golfe de Valinco ne coïncident pas forcément avec celles d'une minorité d'autochtones, écologistes ou simples campagnards, pour qui serait irréparable la dilapidation de l'une des grandes richesses du monde actuel : une nature intacte et splendide à une heure d'avion de Paris.

Propriano est une ville neuve, essentiellement créée autour d'installations portuaires desservant des activités industrielles et commerciales en rapide expansion. Le tourisme saisonnier, justement, entre pour une bonne part dans cette croissance. Propriano et toute la baie lui doivent des hôtels modernes, parfois luxueux, et une animation intense entre le printemps et l'automne. L'anse et la plage de Campomoro (camp des Maures), au pied d'une pente boisée, jouissent de tous les agréments d'une température moyenne idéale dans un cadre de rêve. Mais il en est ainsi, à peu de différence près, des autres petites agglomérations du golfe, qu'elles soient au bord de l'eau, tels Belvedere ou Porto-Pollo ; légèrement en retrait comme la station thermale de Baracci, déjà connue dans la Rome antique ; en montagne, enfin, terrasses sur la mer, comme Viggianello, Arbellara et Fozzano. Le nom de ce village est connu par tous les historiens de la littérature, surtout les spécialistes du XIXe siècle, car il fut le théâtre de l'implacable vendetta dont s'inspira Mérimée en écrivant *Colomba.* Les maisons-tours à meurtrières des Carabelli et des Durazzo, les deux familles ennemies, sont encore debout, se défiant à travers le temps immobile, non loin de la tombe de Colomba, d'où l'imagination du passant entend monter une voix silencieuse demandant « le prix du sang ».

Filitosa, un autre lieu maintenant célèbre des environs de Propriano fut témoin de civilisations originales du sixième au troisième millénaire (cf. chap. I). La préhistoire, la protohistoire de la Corse ont laissé dans la région des vestiges réunis ici, sur un contrefort avancé de la Punta Piolella, au-dessus du confluent des rivières de Burcajolu et de Sardelle. Les mégalithes, dolmens, statues-menhirs ont été relevés et regroupés sur l'oppidum de Filitosa, près des Torre, monuments circulaires que les archéologues rapprochent des nuraghes de Sardaigne.

Il n'y a pas moins de trois itinéraires différents pour rejoindre Ajaccio. Le choix peut se porter sur la route du littoral qui sinue en suivant presque tous les contours des pointes et des criques fort nombreuses entre les deux golfes. Il est possible de suivre aussi le lit du Taravo par Porto-Pollo, Pila Canale, Cognocoli et Bisinao. Enfin, on peut emprunter la nationale 196, de beaucoup la plus commode, par Olmeto. Un peu avant d'arriver dans le village, sur la droite, la Punta della Rocca, dressée à l'écart, rappelle le nom d'une des branches de la puissante famille des Cirnachesi. Le col de Celaccia, Bocca di Celaccia (594 m), donne accès à la vallée du Taravo.

Jamais je ne franchis Celaccia sans penser à la belle et malheureuse Sibilia de Franchi, dont l'historien du XVe siècle Giovanni della Grossa raconte la tragédie. Jeune veuve du Génois qui avait construit le château d'Istria, sur la montagne dominant le village de Sollacaro, entre les vallées du Taravo et du Baracci, elle fit savoir à Sinucellu della Rocca, seigneur corse envoyé dans l'île par la République de Pise et qui s'était rendu maître de presque tout le pays, qu'elle le prendrait volontiers pour époux. Sibilia avait une réputation de grande beauté. Et le fief d'Istria représentait une dot considérable. La possession de la femme et de ce qui lui appartenait, en plus d'un ventre fécond, ne pouvait que séduire Sinucellu. Sans méfiance, il se rendit au château d'Istria tout seul, selon la prière de Sibilia. A peine y parvint-il que des hommes le précipitèrent dans un cachot séparé en deux par une épaisse grille de fer. La nuit, la jeune veuve faisait allumer toutes les torches de la première salle et refermait sur elle la porte de bois. Puis, devant la grille, elle se dénudait lentement, caressant sa poitrine et ses cuisses : « Croyais-tu que j'allais donner mon corps si blanc à ta noiraude personne ? » Et de se livrer à une danse lascive. Accroché aux barreaux épais, Sinucellu rugissait comme un lion pris au piège. Mais gagnant un jour la complicité d'une servante chargée de lui porter le pain et l'eau, il parvint à alerter la garnison de la Rocca. Le château d'Istria dut capituler. Sur les ordres de Sinucellu, on construisit une cabane au col de Celaccia, on répandit de la paille sur le sol, et là, gardée par des hommes, Sibilia fut offerte à qui la voulait... Cette histoire vraie se passait en 1243.

Par Casalabriva et Petreto-Bicchisano, d'où la vue embrasse la profonde et verdoyante vallée du Taravo, la route conduit à Grosseto Prugna, puis au col, la Bocca di San Giorgio (762 m) et elle descend sur Cauro. Dès la sortie du village apparaissent au couchant les îles Sanguinaires et une partie du golfe d'Ajaccio.

En entrant dans Cauro, venant de la Bocca di San Giorgio, sur la droite, s'ouvre la route de Bastelica, lieu natal de Sampiero Corsu. Nous nous y rendons à travers prairies et forêts de pins, comme celle de Zipitoli, au-dessus du Monticchi, affluent du Prunelli. Le bourg, à 770 mètres d'altitude, est un des plus importants de la montagne corse, par son étendue, sa population, ses cultures et ses petites industries. Sachant travailler dur quand il le faut, s'amuser et rire quand il échoit, les Bastelicais sont réputés pour leur énergie, leur endurance et l'attachement passionné à leur terre. Ils s'illustrent dans toutes les activités, s'expatrient pour faire carrière, mais ne conçoivent pas le bonheur sans retourner chez eux le plus souvent possible, jusqu'au moment de s'y retirer définitivement.

Une des plus belles promenades offertes au voyageur est celle qui le conduit au plateau d'Ese (1 490 m), par une route terminée en 1976 et, en poursuivant à pied, jusqu'à la bergerie des Pozzi, où les innombrables pièces d'eau sont entourées d'un gazon élastique vert émeraude, jamais jauni. Le panorama, en chemin, entre le Renoso, au nord, et le Monte Giovanni, à l'est, est des plus extraordinaires. Il s'étend jusqu'à la mer, englobant, de la route même, Capo di Muro et la Parata.

Mais de Bastelica nous allons nous rendre à Bocognano. Nous aurions pu retourner à Ajaccio par les gorges du Prunelli, extrêmement pittoresques, en longeant le lac artificiel de Tolla.

L'est, l'ouest, le sud ont montré beaucoup d'analogies entre toutes les

119. Madona della Serra

BASTIA

120. Chapelle Sainte-Croix. Annonciation
121. Sur le marché de la place de l'Hôtel de Ville

122. Ile Rousse →

123. Erbalunga

124. Tour et golfe de Girolata

régions de l'île, mais plus encore de différences. Elle est une et multiple et ce n'est pas son moindre charme. Il reste à la traverser en diagonale, pour gagner le nord, gravissant la Foce ou col de Vizzavona qui, à 1 161 mètres d'altitude, livre le passage dans la grande arête centrale.

Venant de Bastelica par la départementale 27, la Bocca di Scalella (1 193 m) nous permet de laisser la vallée du Prunelli pour celle de la Gravona. La route passe au-dessus du village de Tavera, aux belles maisons étagées sous les arbres. Puis vient Bocognano, situé neuf kilomètres avant Foce di Vizzavona et cinq cents mètres plus bas. Plusieurs hameaux dispersés dans une coupe de verdure, où des chênes et des pins disputent difficilement le sol à la châtaigneraie luxuriante : tel se montre le chef-lieu de la piève de Celavo. Une certaine qualité de l'air et de l'eau, la lumière jouant entre les feuillages, sur la roche et sur les toits roussis des vieilles demeures ; une perspective largement étendue font que Bocognano, si facilement accessible, est un des lieux de séjour en montagne les plus fréquentés. Le village est également très représentatif de ce que l'île de beauté a d'unique : cette proximité de la montagne et de la plage, de l'altitude et de la mer. Une simple promenade en voiture mène de l'une à l'autre en quelques instants, sans que le paysage et le chemin n'entraîne jamais de lassitude. A peine a-t-on laissé derrière soi le figuier de Barbarie et le palmier qu'apparaissent le châtaignier, puis, un peu plus haut, le pin lariccio et le hêtre.

Imaginons la montée depuis Bocognano vers le col de Vizzavona, sur les neuf kilomètres à peine d'une route en lacets, taillée dans les contreforts occidentaux du Renoso, et qui s'élève de plus de cinq cents mètres ! Devant nous le Monte d'Oro, sur la gauche le précipice au fond duquel le Gravona commence sa course et, au sud, toute la vallée débouchant sur les lointains bleutés ou pourpres d'Ajaccio. De ce côté l'horizon recule sans cesse, car on gagne en hauteur à chaque pas. Enfin, du dernier virage sur le gouffre, par temps très clair, le regard va jusqu'aux abords marins de la capitale.

Vizzavona fut pendant un demi-siècle, avec ses hôtels et ses chalets, une station accueillant des estivants venus du monde entier. Cette forêt romantique était aussi le point de rencontre, pendant les grandes vacances, de familles privilégiées du sud et du nord. Aujourd'hui, l'engouement pour les plages et une politique de facilité des professionnels du tourisme, n'investissant que « les pieds dans l'eau », sans parler de la lenteur de la Société d'économie mixte à promouvoir l'intérieur, sont cause d'une certaine léthargie de Vizzavona. Et pourtant, même parmi les grands voyageurs, la majorité reconnaît n'avoir rien vu de comparable. L'altière mélancolie des pins contraste harmonieusement avec la gaieté frémissante des hêtres, dont le feuillage épandu, à reflets d'or, paraît criblé de rais lumineux. Les promenades en forêt sont nombreuses. Elles empruntent des chemins revêtus d'un épais tapis de mousse et de cyclamens, enjambent les rivières de Fulminatu et de l'Agnone, contournent de grands bassins naturels jusqu'à la « cascade

125. Eglise de la Porta

des Anglais », nom rappelant les brillantes « saisons » d'autrefois. Avec ses deux affluents du Vecchio, dont les gorges se profilent en plans successifs, Vizzavona a la prédilection des pêcheurs de truites et d'anguilles. L'alpinisme, également, y est d'une pratique idéale ; les ascensions — de la plus simple à la plus difficile — ont ici un point de départ, car on est véritablement au pied du Monte d'Oro. « Climat à la fois tonique et sédatif », disaient les guides. Merveilleux climat, il est vrai, qui a redonné le sommeil, l'appétit et la santé à d'innombrables estivants.

Dès lors, nous sommes dans l'en-deçà des monts (*di qua dai Monti,* ou *Banda di Dentro*). Passé le hameau de Tattone (le grand bâtiment moderne, sur la gauche, est un hôpital muni de techniques de pointe), le Grand hôtel et les villas de Vizzavona se montrent derrière nous comme une petite panachure rose flottant sur les vertes ondulations des arbres. La pente devient vive. Puis le décor change brusquement : un village surgit des profondeurs, posé en fer à cheval sur les bords de la route, que soulignent, plus bas encore, d'étourdissantes volutes de la voie ferrée : Vivario, où seraient nés les ascendants directs du pape Formose, qui occupa le Saint-Siège au IXᵉ siècle.

Un cirque immense s'étend du col déjà franchi jusqu'aux rives du Tavignano. Nous dévalons la rampe dans un enroulement continu, entre les sourcilleuses murailles de la chaîne centrale recouverte des forêts de Sorba, Cervello, Manganello. Dans le fond, la rivière du Vecchio se précipite avec une plainte sourde et continue. Le pont allant de l'une à l'autre de ses rives est soutenu par des piles de granite formant une voûte en plein cintre de cathédrale romane, tandis que quatre-vingt-seize mètres au-dessus, un viaduc du chemin de fer, long de cent quarante mètres, s'élance sur la gorge du torrent avec une hardiesse étonnante, véritable prouesse technique attribuée à Eiffel et qualifiée de « morceau de bravoure » par des ingénieurs actuels.

Le lieu produit une impression saisissante. Loin d'être apprivoisée par les ouvrages d'art, l'ampleur verticale du site les absorbe, au contraire, et n'en paraît que plus intimidante, plus farouche, plus âpre.

Dans cette région, la montagne montre par endroit de grandes taches lisses et blanches, formées par le marbre gris de Serragio (cf. chap. I).

Le Vecchio roulait sous nos pieds : nous allons prendre de la hauteur et entrer à Venaco, agréable village de montagne, patrie des Giacobbi. Les bergers de la région fabriquent le meilleur fromage de la Corse ; les variétés en sont pourtant aussi nombreuses qu'étonnantes de saveur. Dans leur livre intitulé *Le Trésor gastronomique de la France,* Curnonsky et A. de Croze s'exprimaient en ces termes : « Au temps d'Ulysse, Cyrnos recélait des Sirènes (sic). Aujourd'hui — grâce à ses ménagères aux grands yeux noirs et à ses bergers — elle nous garde au foyer une eurythmie d'autrefois : celle de la table ! » Les bergers, auxquels ces auteurs attribuent le mérite d'une excellente spécialité de la table, conduisent leurs troupeaux, dès le mois de mai, vers les pâturages de haute altitude, dans le Rotondo, pour les Vénacais, dans le Cinto, le Monte d'Oro, l'Incudine pour les autres. Ils mettent souvent une semaine entière pour aller de la plaine, ou du village, à la bergerie, au pas des brebis, des moutons, des chèvres, qui broutent en avançant les touffes d'herbe jaunissantes des talus et les jeunes pousses des forêts. Isolés du monde pendant quatre-vingt-dix longs jours — tel on peut l'être à plusieurs heures de marche — ces hommes passeront une grande partie de leur temps à rêver, en taillant un morceau de bois au couteau, ou à parler entre eux de politique locale. Ils donnent au travail le moment de la traite, au coucher du soleil, et surtout les heures de la matinée, après avoir dispersé le troupeau qui s'était rassemblé lui-même pour la nuit, sous la garde des chiens. C'est alors que les bergers préparent le fromage, le Muntanacciu, dans une grosse bassine de cuivre suspendue à un trépied fait de branches. Leurs gestes sont lents et précis. Et quand ils lèvent les yeux, ils ont devant eux un paysage grandiose. La qualité du fromage corse de montagne tient à ce que les bêtes ont une nourriture naturelle, « biologique » comme on dit de nos jours. Il y a également, bien sûr, le savoir-faire transmis de père en fils, et aussi les précautions prises pour la maturation, dans des grottes au degré d'humidité voulu et transformées en caves.

Laissant Venaco et son hameau de San Petru, nous voyons bientôt sur la droite, à la pointe d'éperons rocheux dominant la vallée boisée, les petits villages de Riventosa, Poggio, Casanova. Le premier se détache comme un rêve cubiste de Braque ou de Juan Gris. Tous trois gardent le secret de leurs vieilles demeures exiguës, dont les murs épais, en pierres sèches, défient les hivers, dont les cheminées de guingois trouent les toits d'ardoises brunes, mais dont les fenêtres à peine moins étroites qu'une meurtrière s'ouvrent devant un espace circulaire de montagnes, de forêts, de rivières, d'infimes paroisses retenues au monde par les fils blancs des routes nouées entre eux. Tant de choses sont là, dans leur masse écrasante ou rapetissées par l'éloignement, recevant leur part de lumière et d'ombre avec les heures et les saisons, que l'habitant de Riventosa ou de Poggio, fumant sa pipe dans la grande paix de la nature, peut croire qu'il est au centre de la création.

CORTI, BASTIA ET LE CAP CORSE

Il faut approcher de Corti par le sud, venant de Venaco. La ville apparaît alors sous son visage d'allégorie. Puissante image, qui s'impose au premier regard et parle du passé. Elle est dominée par un grand rocher de cent quatre mètres de haut, au sommet duquel se dresse le château du XVe siècle, surplombant à la verticale le confluent du Tavignano et de la Restonica. La possession ou la perte de la forteresse, tout au long de l'histoire, sera pratiquement identifiable à une suprématie ou à une régression dans les rapports de force entre le peuple corse et ses agresseurs. Le site, depuis le haut Moyen Age, avait déjà rempli ce rôle. Plus tard, quand Vincentello d'Istria, en 1420, eut construit le château fort, après avoir écrasé les Génois à Biguglia et s'être emparé de Bastia, il devint facilement maître de l'île entière, hormis les enclaves liguriennes de Bonifacio et Calvi.

Cette place stratégique, névralgique, symbolique est tour à tour enlevée par les Génois, reprise par les Corses, conquise par les Français d'Henri II sous le commandement de Sampiero. Puis les Génois s'en emparent derechef, remplacés par les Français en 1734. Enfin, les patriotes corses rentrent en possession de la forteresse en 1745 et ils la garderont jusqu'à la conquête militaire française en 1769.

Entre-temps, Corti était devenue la capitale de la Nation corse indépendante, dotée d'une constitution démocratique. Les principes politiques de la philosophie qui venait de naître, au « siècle des lumières », trouvait dans ce texte fondamental son premier champ d'application. Aventure difficile mais exaltante et pleine de gloire, dont la ville fut le cœur et le château le sanctuaire. Ainsi, comme les lames d'une mer déchaînée, tous les événements décisifs de l'histoire de notre île sont venus battre ce rocher et y ont fait bouillonner leur écume.

Telle nous la voyons toujours, austère et debout, la citadelle est le vivant témoin d'une conception de l'honneur et de la liberté qui a engendré des luttes infinies, beaucoup de deuils mais aussi quelques heures de lumière brillant encore dans un coin privilégié de la mémoire collective.

L'anecdote même prend ici un goût de grandeur antique. Il y a le créneau où les Génois attachèrent un enfant, pour que son père, Ghiuvan' Petru Gafforj, chef suprême de l'insurrection nationale, arrêtât l'assaut donné à la forteresse. Sa femme, Faustina Gafforj, assiégée par les Génois dans sa maison de Corti, en 1750, bien que son entourage lui conseillât de se rendre, fit porter des barils de poudre dans le sous-sol et, saisissant une mèche allumée, menaça de faire sauter le bâtiment si la défense faiblissait. Grâce au comportement déterminé de son épouse, Gafforj, à la tête d'une centaine d'insulaires eut le temps de délivrer les assiégés. Les Génois firent assassiner le général en chef en 1753. Faustina amena leur fils — celui du créneau — dans l'église de la Nunziàta où l'enfant jura devant Dieu qu'il vengerait son père, selon la coutume également en vigueur dans les affaires privées. Un autre serment avait été prononcé sur les autels, par les jeunes filles de Corti, en 1729. Elles avaient juré de ne pas se marier tant que la Corse ne serait pas libre et indépendante, « afin de ne pas donner le jour à des esclaves ».

La ville haute, ou quartier de Mascara, accrochée à la paroi rocheuse, sous les murs de la citadelle, ressemble fidèlement à son passé. L'ancienneté des maisons à voûtes, s'appuyant, s'adossant, s'arc-boutant entre elles selon l'abrupt et sinueux profil du terrain, semble traduire dans la pierre la devise des luttes nationales : « Forti saremu se sarem' uniti » (nous serons forts, si nous sommes unis). Véritable labyrinthe de venelles aux pavés inégaux, de passages couverts, de coins et d'impasses d'où la vue a cependant de lointaines échappées. Ici, d'ailleurs, on coupe par le plus court, en empruntant l'un des nombreux escaliers zigzagant à travers l'amoncellement de ces constructions basses et que l'on croirait tassées par l'âge.

Au cœur du vieux Corti, le Palazzo, le palais national. On ne peut s'empêcher de le trouver bien petit, eu égard aux rêves qui l'habitaient et qui avaient d'ailleurs reçu un commencement d'éclatante réalisation. Tout parle en ces lieux des chefs historiques de la Révolte et de la Nation, modèles dont se souviendront plus tard, sur de plus vastes théâtres, les grands hommes de l'Indépendance américaine et ceux de la Révolution française. Pasquale Paoli, le Babu (le père) conservera longtemps, dans le fond de son exil, l'aura de cette invention appelée à bouleverser le monde quand l'Assemblée constituante, à Paris, en fixa l'expression principale en déclarant que les hommes naissent et vivent libres et égaux en droit.

Sur la place de l'église de la Nunziàta, la statue en bronze, par Emile Aldebert, du général en chef Gafforj (la place porte son nom) est érigée à quelques mètres de sa maison. Sur la façade, on a laissé les traces des balles tirées durant l'assaut donné par les Génois. Dans la ville basse, la place Paoli, avec la statue du Babu, par Victor Huguenin. Là s'amorce le cours Paoli, artère centrale de la ville. A l'autre extrémité du cours, sur la droite, la place Padoue est le centre du quartier résidentiel. On y voit l'effigie en bronze du général Arrighi de Casanova, duc de Padoue, par Bartholdi.

La situation de Corti, au centre de l'île, en avait fait la capitale lorsque de l'extérieur ne pouvaient venir que menace et hostilité. En des temps plus calmes, la Corse étant française, les mêmes causes plongèrent peu à peu Corti dans le sommeil et la déréliction. Mais voici que la cité paoline se réveille. La jeunesse insulaire unanime, ou presque, s'y retrouve périodiquement pour affirmer avec passion l'identité du peuple corse, son droit à l'originalité et à la différence, le goût de la culture spécifiquement kyrnéenne, le besoin d'un enseignement officiel et de l'usage, à côté du français, de la langue maternelle. Ces aspirations bien légitimes trouvent un large écho ; des revendications fondamentales sont en partie satisfaites. Avec la création à Corti, de l'Université de Corse, il est permis d'espérer que l'ancienne capitale acquerra la prospérité économique après avoir retrouvé le rayonnement intellectuel et moral qu'elle avait perdu.

L'en-deçà des monts s'est déjà livré à la curiosité du promeneur, mais c'est en quittant Corti vers le nord que des nuances hier imperceptibles affleurent soudainement. Le relief, la terre, la végétation n'ont pas beaucoup changé. Un peu moins de contrastes, une tonalité générale plus unie font qu'un insulaire, pourtant, ne s'y tromperait pas.

De la vallée du Tavignano, on passe, par le col de San Quilico, dans la vallée du Golo qui nous est désormais familière. En amont, bien visible de la route, le village de Soveria, ramassé autour de son très haut clocher, rappelle la famille Cervoni dont le nom est entré dans l'histoire de la Corse et dans l'histoire de la France. Un petit signe d'intelligence et d'amitié s'impose en retraversant Pònte-Nòvu et ses grands souvenirs. Mais on est maintenant dans l'attente anxieuse de la découverte de Bastia. Presque à la porte de la grande ville, la toute petite agglomération de Furiani évoque une victoire corse sur les Génois. Le général Giafferi, chef des patriotes, lors de la première Révolte, en 1729, livra bataille sur cette colline. Le revers des occupants fut total. Ils ne retrouvèrent jamais un semblant de souveraineté et ne purent, à partir de là, que demander l'aide d'autres puissances européennes.

Bastia, s'annonce de loin par l'étendue et l'importance d'installations industrielles et commerciales, dont la densité ne cesse de croître jusqu'aux grands immeubles modernes construits durant ces vingt dernières années. Après la campagne, le maquis, les grandes roches nues ou couvertes de courtes plantes fauves, ces attributs de l'activité négociante traduisent avec force le caractère principal de la cité. Elle est avant tout une place de commerce, une plaque tournante économique, lieu de passage, de départ ou d'arrivée de la totalité des marchandises et denrées, des matériels et matériaux, meubles, biens de consommation des deux tiers de la Corse. C'est à Bastia et par Bastia, en effet, que la plaine orientale, du nord au sud, la région cortenaise et la Balagne, la Castagniccia et le Càpicòrsu respirent consultent, échangent, vendent et achètent. Telle est la première impression reçue.

Mais les Bastiais eux-mêmes, en insistant trop sur l'importance économique réelle de leur cité, parviennent souvent à faire oublier qu'elle est depuis très longtemps un foyer de culture. Son histoire, plus qu'ailleurs inséparable de l'histoire de l'île entière, montre dès l'abord des vestiges des XIVe et XVe siècles. Voici le gros donjon, cette bastille qui a donné son nom à la ville, dont l'origine a connu deux implantations successives : Terra Vecchia et Terra Nova. Celle-ci (Terre Neuve, ou Terre Nouvelle) date pourtant de 1383, lorsque le gouverneur génois Leonello Lomellino, chassé par les patriotes de sa résidence et du port de Biguglia (Portovecchiu), s'installa provisoirement sur l'éperon rocheux qui surplombe une anse du rivage alors appelée Porto Cardo, parce qu'elle était l'abri maritime des pêcheurs habitant Cardo, une petite bourgade de la colline proche. En 1407, une forteresse est ajoutée au donjon. Le Corse Vincentello d'Istria en fait l'acquisition. Puis les Génois la reprennent bientôt après. Vers la fin du siècle, un autre commandant en chef de la République, Tomasino de Campofregoso, édifie les remparts, augmente la garnison militaire et fait de La Bastia la résidence définitive des gouverneurs.

Terra Nova — ou quartier de la citadelle — a été malheureusement défigurée par les casernements français, puis en partie détruite par les Allemands en 1943. L'ancienne cathédrale des évêques de Mariana et d'Accia, Santa Maria, commencée en 1495, quoique d'une architecture fort simple, inspirée de la Canonica, conserve quelques pièces — sculptures, tableaux, stalles — qui ne manquent pas d'intérêt. Les églises de Bastia ont du reste gardé leur atmosphère de faste mystique précieuse, où les musiques d'orgue, l'encens et les prières montent parmi les ors, les peintures et les statues, heureusement sauvés, dans cette ville, de l'acharnement iconoclaste mis par le nouveau clergé à transformer ses temples en halls de gare. Les oratoires de Santa Croce et de l'Immaculata Concezzione, qu'il ne faut pas manquer de visiter, sont par l'excès même du décor baroque (où les stucs à l'italienne, les dorures, les velours témoignent du zèle ancien et de la rivalité des confréries qui les administraient) des survivants inestimables d'une certaine forme de la foi populaire de jadis, quand rien n'était trop beau pour la maison du Bon Dieu. La collégiale de San Ghianbattista a été édifiée sur le modèle des églises du XVIIe siècle italien. Elle ne peut manquer de séduire le plus indifférent par l'élégance de l'architecture, l'harmonie des proportions, l'opulence raffinée des marbres et du mobilier, cette paroisse du centre de Bastia où tant de Corses, des plus célèbres aux plus humbles, se sont un jour recueillis.

Pour gagner le cœur de la ville, une voie nouvelle, la « percée du vieux port », nous permettrait de faire l'économie des embarras de la circulation, si fréquents dans cette vaste agglomération laborieuse, dont la population double quotidiennement, au rythme des arrivées incessantes de trains et de voitures venant de l'intérieur. Les Bastiais, à cause de ces difficultés du trafic urbain, aggravées par l'étroitesse des rues, ont dû se résoudre, le cœur meurtri, à ouvrir aux véhicules les deux plus beaux endroits de leur cité : la place Saint-Nicolas et le Vecchiu Portu.

Ménageons plutôt une gradation dans le plaisir en commençant par un léger déplaisir : l'entrée par le faubourg San Giuseppe. A l'enchevêtrement des constructions vétustes de ce quartier succèdent assez vite, il est vrai, de bons immeubles bourgeois. On vient d'entrer dans la Traversa, la principale artère du centre, d'où partent des rues secondaires. Mais bientôt après le carrefour du palais de justice, siège de la cour d'appel, la Traversa est doublée par une voie parallèle, la rue César Campinchi, et en partie triplée par une autre, la rue Napoléon, que prolonge le boulevard de Gaulle.

La magnifique place Saint-Nicolas, longue de trois cents mètres, entièrement entourée d'allées de palmiers et de platanes, s'ouvre sur la mer Tyrrhénienne. A l'ouest et au sud, en angle droit percé par les avenues, de hautes maisons patriciennes s'offrent le luxe intérieur d'appartements et de pièces d'apparat aux dimensions incroyables. De cette immense terrasse sur la mer, on voit, par temps clair, trois îles de l'archipel toscan : Elbe, Caprara, Montecristo. Parfois se découpe à l'horizon la Pianosa, où Tibère fit égorger le petit-fils d'Auguste et où l'Italie de Mussolini reléguait ses prisonniers politiques. Une statue de marbre blanc, due au sculpteur florentin Lorenzo Bartolino, représentant Napoléon Ier en empereur romain, orne la place. Les proportions massives et la tournure épaisse de cette effigie ont soulevé les railleries des chroniqueurs parisiens, du temps des « boulevardiers ». Leur dilection va toujours, Stendhal le disait déjà, à la délicatesse de forme, à la finesse, au « mignon ». De même est-on très injuste envers le monument aux morts dressé sur cette place. Je le trouve d'une inspiration originale et noble et d'une fort belle allure. Les sculpteurs Patriarche et Peckle, en représentant dans le bronze une femme corse offrant son fils à la patrie, se sont sans doute inspirés de l'histoire fameuse de la veuve de Renno conduisant chez Pascal Paoli le garçon qui lui restait, après la mort de ses deux aînés dans la guerre de l'Indépendance. Les bas-reliefs en bronze posés sur le socle, dans lesquels Peckle a mis beaucoup de talent, correspondent parfaitement à l'esprit de ce monument qui nous change un peu de l'éternel poilu renversé ou enlevé dans les bras de la Victoire. Les municipalités ont su conserver, sur la place, le kiosque à musique, désuet et charmant. Toute la vie extérieure, dans une ville particulièrement sociable, aboutit là, à des heures convenues. Des groupes se forment, se croisent, s'observent, se rejoignent ou s'ignorent. Les femmes sont extrêmement belles, très élégantes et un tout petit peu poseuses. Quel bonheur de les regarder, de les entendre parler avec le léger accent chantant du nord de l'île, d'être admis en leur compagnie et de s'asseoir à ces immenses terrasses de café dont les tables débordent dans les allées, sous les majestueux platanes !

L'exquise urbanité des Bastiais, un enjouement teinté d'ironie, une apparente nonchalance rendent leur fréquentation délicieuse, pourvu qu'ils oublient un esprit de clocher sans doute hérité de la Toscane voisine. Ils savent, eux qui d'ordinaire travaillent bien, le prix des moments de farniente place Saint-Nicolas. L'étranger n'y est pas moins sensible et s'attarderait

126. Col de Teghime

127. Cervione. Eglise Sainte-Marie et Saint-Erasme
128. Incendie de forêt

129. Corte
130. Pascal Paoli
131. Le général Gaffori

BASTIA *132. Les ports*

133. Eglise Sainte-Marie. Nef et chœur →
134. Eglise Saint-Jean Baptiste. Voûte du chœur ⟶

135

BASTIA

135. Eglise Saint-Jean Baptiste. Autel
136. Eglise Sainte-Marie et enceinte de la citadelle
137. Au Vieux-Port

136

137

BASTIA

BASTIA

138. Place Saint-Nicolas
139. Dans la vieille ville

140. Marine d'Albo

141 à 143. Tombeaux familiaux à Ersa, Minerbio, Pino

volontiers sur cette esplanade uniquement réservée à la détente, à l'amitié, au plaisir de parler, mais également à celui de voir et de se montrer dans un cadre au charme pénétrant et subtil.

Par le quai des Martyrs de la Libération, on gagne, en quelques centaines de mètres, le vieux port — U Vecchiu Portu — merveilleux petit bassin naturel, abrité, fermé aux trois quarts. Il est dominé par le rocher de la citadelle et comme tapissé de vieilles façades d'où émergent les deux tours et le fronton de l'église San Ghianbattista. Les bateaux de plaisance et de pêche dorment tranquillement sur le miroir d'eau, où les couleurs variées de la falaise et des maisons se mélangent, en lignes brisées, aux reflets changeants du ciel. Filles et garçons réunis, les jeunes prennent d'assaut les cafés et les restaurants du vieux port, surtout pendant les longues journées du printemps et de l'été. Sous le grand soleil d'hiver, ils se retrouvent autour d'un plateau de fruits de mer cueillis dans l'étang de Biguglia.

Il est aussi classique de comparer Bastia et Ajaccio, les Bastiais et les Ajacciens, que de comparer les personnages de Racine à ceux de Corneille. A Ajaccio, la beauté du site éblouit le premier regard. Bastia a pour elle le charme et une certaine puissance d'envoûtement. La spontanéité et les largesses ajacciennes sont souvent un peu folles. Le sérieux et la gentillesse courtoise des Bastiais sont parfois mal compris. Mais, dans le fond, les deux grandes villes de la Corse sont l'une à l'autre indispensables, dans la mesure même où elles sont différentes et complémentaires.

Un voyageur inspiré, pensant à la forme de la Corse et à ses parfums, la décrivit un jour comme « un flacon d'odeurs ». Ce flacon avait évidemment le Cap pour goulot. Etroite péninsule de douze à quinze kilomètres de large, d'une quarantaine de kilomètres de long, le Càpicòrsu n'appartient ni à l'une ni à l'autre des deux grandes divisions physiques de l'île. Mais elle en est un abrégé, la résumant de manière exacte et curieuse. On est à une autre échelle, voilà tout. Avec son arête dorsale, ses chaînons transversaux, ses côtes basses ou découpées en festons de pierre, sa végétation, ses rivières, ses montagnes, ses cols, le Càpicòrsu est véritablement une Corse en miniature dont la grande Corse se serait coiffée.

De se trouver considérablement rétrécis dans leurs proportions, les caractères géologiques opposés semblent, ici, ne plus avoir tant de prise sur le naturel des habitants. De ces différences du sol ne résultent pas, on s'en doute, deux types humains dissemblables, tels que nous avons cru les distinguer dans l'en-deçà et dans l'au-delà des monts. Malgré ses barrières montagneuses —le Monte Stello, le plus haut sommet, n'est qu'à 1 307 mètres — le Cap dut avoir un peuplement d'une seule et même origine. En tout cas, les Capicursini, les Cap-Corsins, se sont amalgamés en une population autre, affirmant un caractère propre, fortement influencé, au cours des siècles, par le voisinage du pays de Dante et de Pétrarque. Les rivalités

144. Barcaggio. Tour d'Agnello et îlot de la Giraglia.

de Pise et de Gênes, de Gênes et d'Aragon ne les ont pas entraînés dans les conflits et les malheurs que la Corse a connus.

L'ouest du Cap était sous l'autorité des Montaldo, seigneurs du Nebbio, l'est sous l'autorité des Dell'Oreto, seigneurs de la Casina, eux-mêmes en excellents termes avec la puissance du moment. Quand la Superbe République voulut établir sa domination sur la Corse entière, les Capicursini, toujours très avisés, firent appel à deux puissantes familles du quartier de Gênes appelé Gentile : les Avogari et les Peverelli, ces derniers remplacés bientôt après par les Da Mare.

Ainsi mena-t-il sa barque avec maîtrise, dans des eaux relativement calmes, ce petit peuple de marins. Simultanément, il prit le temps de transformer la péninsule en jardin où prospéraient la vigne, les arbres fruitiers, les oliviers surtout et les cédratiers.

Parfois, il est vrai, les Cap-Corsins reprenaient leurs distances, sympathisaient avec le mouvement communal insulaire, le parti de Sampiero, la cause de l'Indépendance nationale.

A ces moments, l'honneur était sauf.

Et puis ces hommes vivaient trop près de la mer pour résister à son appel. Ils furent des premiers à s'en aller vers les Amériques et cette émigration est demeurée traditionnelle. Les Capicursini partaient, faisaient fortune et revenaient. Les splendides maisons dont les terrasses s'étagent sur l'abrupt rivage, les châteaux à toits crénelés, les vastes couvents dont on trouve de si nombreux vestiges ont été construits par ces « Américains » riches, indépendants et fidèles. Ils ont donné à leur rocher où tout semblait voué à la petitesse, où même le maquis n'atteint qu'une taille médiocre, un aspect florissant qui suffirait à rompre la monotonie du paysage si, dans un enchaînement continu de promontoires, de criques, de marines et de tours génoises, celui-ci ne tenait de la nature et de l'histoire des nuances infinies.

La route épouse toutes les ondulations de la côte et c'est une promenade merveilleuse de la suivre de Pietranera — maintenant quartier nord de Bastia — jusqu'à Nonza, accroché sur un sombre rocher du versant occidental, où, dans une vieille abbaye en ruines, Léonor Fini a trouvé le cadre étrange et fabuleux convenant à son art et à sa vie.

De tant de formes, de couleurs, de chatoiements, on garde à jamais le souvenir de ceux de la marine d'Erbalunga, berceau de la famille de Vincent de Moro-Giafferi et de celle de Paul Valery. Les maisons d'Erbalunga sont au bord de l'eau et presque entièrement dans l'eau, en sorte que leurs heureux propriétaires peuvent pêcher de leur fenêtre. Comme d'autres villages du Cap, Erbalunga s'orne d'une grosse tour ronde, d'un couvent, d'une villa patricienne. Non loin se trouve le Capù Sacrù, *Sacrum promontorium* des Romains.

Les marines apparaissent l'une après l'autre, égrenant sur les collines, au milieu du maquis et des arbres, l'éparpillement de hameaux roses et blancs.

Sisco n'en compte pas moins de dix-sept ! Le petit golfe de Pietracorbara, le quai en miniature de Santa Severa ne sont-ils pas extraits d'une imagerie rêvée ? L'embranchement de la route de Luri qui, du col Sainte-Lucie — la Bocca di Santa Luccia — permet de voir les deux mers, évoque irrésistiblement l'exil désespéré de Sénèque (on est d'ailleurs presque sûr qu'il se situa plutôt dans la plaine orientale). Puis c'est Macinaggio, dont le port de plaisance est cité comme modèle, et les lacets dans l'intérieur qui conduiront sur la côte occidentale, de la Punta di Aliso à la Punta di Canelle, jusqu'à l'extraordinaire découverte de Nonza.

Il est certes regrettable, encore que beaucoup d'insulaires, désormais, se mettent à crier : « assez de routes ! assez de pollution ! », que la randonnée en voiture ne conduise pas jusqu'à la Punta di Agnello, extrémité du Cap, point le plus proche de l'îlot de la Giraglia. Mais on le voit du col de la Serra, comme on y aperçoit les îles de Toscane au levant et une partie de la côte ouest.

Certes le Càpicòrsu, avec l'évanouissement des distances, l'urbanisation intensive et l'élargissement des chemins, est presque devenu un lointain prolongement de Bastia. Mais il demeure, malgré tout, résolument à part. Navire de haut bord, où tant de marins et tant de capitaines ont pris leur dernier quart, il paraît, de nos jours encore, continuer un voyage solitaire à travers le temps.

SUBDIVISIONS ADMINISTRATIVES DE LA RÉGION CORSE

La région « Corse », divisée, comme on l'a vu, en deux départements par la loi de 1975, avait fait auparavant l'objet d'un redécoupage cantonal. De 61, puis 62, le nombre des cantons fut réduit à 49 par décret ministériel du 18 août 1973. Ils groupent pour toute l'île 355 communes.

Le gouvernement avait en vue d'assurer une meilleure représentation démographique. Les deux grandes villes, par exemple, sont désormais divisées chacune en 5 cantons, tandis que disparaissent certaines subdivisions cantonales de l'intérieur à faible population.

Cette réforme n'est pourtant pas absolument convaincante. Ne fût-ce que parce que le canton, en principe, détient une représentation territoriale tout autant que démographique. Or, la surface de certains cantons corses supprimés en 1973 est très supérieure à celle de beaucoup de cantons de France continentale après redécoupage.

Les nouvelles subdivions administratives de la Corse sont les suivantes :

Arrondissement d'Ajaccio. *Cantons d'Ajaccio I à V ; canton de Bastelica (Bastelica, Cauro, Eccica-Suarella, Ocana, Tolla), canton de Celavo-Mezzana (Bocognano, Carbuccia, Cuttoli-Corticchiato, Peri, Sarrola-Carcopino, Tavaco, Tavera, Ucciani, Valle di Mezzana, Vero) ; canton de Cruzzini-Cinarca (Sari d'Orcino, Ambiegna, Arro, Azzana, Calcatoggio, Cannelle, Casaglione, Lopigna, Pastricciola, Rezza, Rosazia, Salice, Sant'Andrea d'Orcino) ; canton de Santa Maria Sicche (Santa Maria Sicche, Albitreccia, Azilone-Ampaza, Campo, Cognocoli-Montichi, Coti-Chiavari, Forciolo, Frasseto, Grosseto-Prugna, Guargualè, Pietrosella, Pila-Canale, Quasquara, Serra di Ferro, Torgia-Cardo, Urbalacone, Zigliara) ; canton des Deux Sevi (Piana, Cargese, Cristinacce, Evisa, Marignana, Osani, Ota, Partinello, Serriera) ; Canton des Deux Sorru (Vico, Arbori, Balogna, Coggia, Guagno, Letia, Murzo, Orto, Poggiolo, Renno, Soccia) ; canton de Zicavo (Zicavo, Ciamanacce, Corrano, Cozzano, Guitera, Palneca, Sampolo, Tasso, Zevaco).*

Arrondissement de Bastia. *Cantons de Bastia I à V ; canton de Borgo (Borgo, Biguglia, Lucciana, Vignale) ; canton d'Alto di Casaconi (Campitello, Bigorno, Campile, Canaggia, Crocicchia, Lento, Monte, Olmo, Ortiporio, Penta-Acquatella, Prunelli di Casaconi, Scolca, Volpajola) ; canton de Campoloro di Moriani (Cervione, San Giovanni, San Giuliano, San Nicolao, Sant-Andrea di Cotone, Santa Lucia di Moriani, Santa Maria Poggio, Santa Reparata di Moriani, Valle di Campoloro) ; canton de Capobianco (Rogliano, Barretali, Cagnano, Centuri, Ersa, Luri, Meria, Morsiglia, Pino, Tomino) ; canton de Conca d'Oro (Oletta, Barbaggio, Farinole, Olmeta di Tuda, Patrimonio, Poggio d'Oletta, San Fiorenzo, Vallecale) ; canton de Fiumalto d'Ampugnani (Porta d'Ampugnani, Casabianca, Casalta, Croce, Ficaja, Giocatojo, Pero-Casevecchie, Piano, Poggio Marinaccio, Poggio Mezzana, Polveroso, Pruno, Quercitello, San Damianu, San Gavino d'Ampugnani, Scata, Silvareccio, Taglio Isolaccio, Talasani, Velone-Orneto) ; canton du Haut-Nebbio (Murato, Lama, Pietralba, Pieve, Rapale, Rutali, San Gavino di Tenda, Santo Pietro di Tenda, Sorio, Urtaca) ; canton de Sagro di Santa Giulia (Brando, Canari, Nonza, Ogliastro, Olcani, Olmeta di Capocorso, Pietracorbara, Sisco) ; canton de San Martino di Lota (San Martino di Lota, Santa Maria di Lota, Ville di Pietrabugna) ; canton de Vescovato (Vescovato, Castellare di Casinca, Loreto di Casinca, Penta di Casinca, Porri, Sorbo-Ocognano, Venzolasca).*

Arrondissement de Calvi. *Canton de Belgodere (Belgodere, Algajola, Aregno, Avapessa, Catteri, Costa, Feliceto, Lavatoggio, Mausoleo, Muro, Nessa, Novella, Occhiatana, Olmi Capella, Palasca, Pioggiola, Speloncato, Vallica, Ville di Paraso) ; canton de Calenzana (Calenzana, Galeria, Manso, Moncale, Monte Grosso, Zilia) ; canton de Calvi (Calvi, Lumio) ; canton d'Isola Rossa (Isola Rossa, Corbara, Monticello, Pigna, Sant'Antonio, Santa Reparata di Balagna).*

Arrondissement de Corti. *Cantan de Bustanico (Sermano, Aïti, Alando, Al-*

tiani, Alzi, Bustanico, Cambia, Carticasi, Castellare di Mercurio, Erbajolo, Erone, Favalello, Focicchia, Giuncaggio, Lano, Mazzola, Pancheraccia, Piedicorte di Caggio, Pietraserena, Rusio, Sant'Andrea di Bozio, San Larenzu, Santa Lucia di Mercurio, Tralonca) ; canton de Castifao-Morosaglia (Morosaglia, Asco, Bisinchi, Castello di Rostino, Castifao, Castineta, Gavignano, Moltifao, Saliceto, Valle di Rostino) ; canton de Corti (Corti) ; canton de Ghisoni (Ghisoni, Ghisonaccia, Lugo di Nazza, Poggio di Nazza) ; canton de Moïta-Verde (Moïta, Aleria, Ampriani, Campi, Canale di Verde, Chiatra, Linguizetta, Matra, Pianello, Pietra di Verde, Tallone, Tox, Zalana, Zuani) ; canton de Niolu-Omessa (Calacuccia, Albertacce, Casamaccioli, Castiglione, Castirla, Corscia, Lozzi, Omessa, Piedigriggio, Popolasca, Prato, Soveria) ; canton d'Orezza-Alesani (Piedicroce, Campana, Carcheto-Brustico, Carpineto, Felce, Monaccia d'Orezza, Novale, Nocario, Ortale, Parata, Perelli, Piazzali, Piazzole, Piedipartino, Pie d'Orezza, Pietricaggio, Piobetta, Rapaggio, Stazzona, Tarrano, Valle d'Alesani, Valle d'Orezza, Verdese) ; canton de Prunelli di Fiumorbo (Prunelli di Fiumorbo, Chisa, Isolaccio di Fiumorbo, San Gavino di Fiumorbo, Solaro, Ventiseri) ; canton de Venaco (Venaco, Casanova, Muracciole, Poggio di Venaco, Riventosa, Santo Pietro di Venaco, Vivario) ; canton de Vezzani (Vezzani, Aghione, Antisanti, Casevecchie, Noceta, Pietroso, Rospigliani).

Arrondissement de Sartene. *Canton de Bonifacio (Bonifacio) ; canton de Figari (Figari, Monaccia d'Aulene, Pianottoli Caldarello, Sotta) ; canton de Levie (Levie, Carbini, San Gavino di Carbini, Zonza) ; canton d'Olmeto (Olmeto, Arbellara, Fozzano, Propriano, Santa Maria Figaniella, Viggianello) ; canton de Petreto-Bicchisano (Petreto-Bicchisano, Argiusta-Moriccio, Casalabriva, Moca-Croce, Olivese, Sollacaro) ; canton de Porto-Vecchio (Porto-Vecchio, Conca, Lecci, Sari di Porto Vecchio) ; canton de Sartene (Sartene, Belvedere-Campomoro, Bilia, Foce, Giuncheto, Granacce, Grossa, Tivolaggio) ; canton de Tallano-Scopamene (Serra di Scopamene, Altagène, Aullene, Cargiaca, Loreto di Tallano, Mela, Olmiccia, Quenza, Santa Lucia di Tallano, Sorbollano, Zerubia, Zoza).*

N.B. — *Les noms entre parenthèses sont ceux des communes de chaque canton énuméré. La commune placée en tête est le chef-lieu de canton.*

ILLUSTRATIONS

41. Cargèse. Eglise grecque. Mise au tombeau (détail).
42. Valle d'Alesani. Eglise du couvent. La Vierge à la cerise.
43. Morosaglia. Eglise. La Vierge allaitant.
44. Sainte-Lucie de Tallano. Eglise de l'ancien couvent Saint-François. Vierge à l'Enfant.
45. Calenzana. Chœur de l'église.
46. Valle di Campoloro. Double abside de l'église Sainte-Christine.

Carcheto. Eglise Sainte-Marguerite.

47. Vierge à l'Enfant en albâtre.
48. Scène de chemin de croix.
49. Corbara. Autel central de l'église paroissiale.

Sainte-Lucie de Tallano.

50. Eglise paroissiale. Vierge à l'Enfant.
51. Eglise de l'ancien couvent Saint-François. Autel.
52. Vescovato. Eglise San Martino. Tabernacle.
53. Les îles Sanguinaires et la tour de la Parata.

AJACCIO

54. Le golfe vu du château de la Punta.
55. La vieille ville et la cathédrale.
56. Place Maréchal-Foch.
57. Avenue E. Macchini et cours Napoléon.
58. Château de la Punta.
59. Hôtel moderne sur la route des îles Sanguinaires.
60. Les armes de la Corse. (*Giustificazione della Rivoluzione di Corsica*, 1764). Voir texte p. 52.
63. Aspect de la citadelle.
64. Le monument de Napoléon par Seurre.
65. Au port.

Musée Fesch.

61. S. Ricci : Camille et Brenus.
62. Véronèse : Léda et le cygne.
66. Botticelli : Vierge à la guirlande.
67. Boccati Camerino : Madone à l'orchestre.
68. Boulevard Lantivy.

Musée Napoléonien.

69. Le cardinal Fesch par J. Maglioli.
70. Jérôme Bonaparte, par J. Bezzuchi.
71. Joseph Bonaparte par F. Gérard.

72. Corte. Vieille rue.
73. Le barrage de Tolla.
74. La région des lacs, dans le massif du Monte Rotondo.
75. Village de vacances dans la forêt d'Aïtone.

76 à 78. Fontaines rustiques.
79. Sur la place du village.
80. Chênes-lièges aux environs de Porto-Vecchio.
81. Le potier.
82. La marchande de pain.
83. Au café.
84. La fileuse.
85. Le pipier.
86. Le gâteau de Pâques.
87. Les porcs.
88. Dans la forêt de Valdo-Niello.
89. Evisa.
90. Le Monte d'Oro et la route du col de Vizzavona.
91 à 96. Villages corses : Cateri, Vico, Castifao-Morosaglia, Ota, Pietricaggio, Vivario.
97. Corbara.
98. Dans le Niolo.
99. Sur la route.
100. Le Monte Grosso vu près de Lunghignano.
101. Aigle pêcheur. Voir texte p. 32.
102. Promenade près du col de Bavella. Au fond, la Punta Tafonata di Paliri.
103. L'autorail Bastia-Ajaccio.
104. Pont du Vecchio.
105, 106. Cultures de la plaine orientale.
107. Vignes du cap Corse.

Massif du Monte Rotondo.
108. Lac du vallon de Mangano.
109. Ascension de la Maniccia.
110. Lac de Capitello.

111. Patrimonio.

Sartene.
112. Dans la vieille ville.
113. Vue générale.

Bonifacio.
114. Les falaises.
115, 116. Pêcheurs.

117. Rochers de Roccapina.
118. Pinarello.
119. Madona della Serra.
122. Ile Rousse.
123. Erbalunga.
124. Tour et golfe de Girolata.
125. Eglise de la Porta.
126. Col de Teghime.
127. Cervione. Eglise Sainte-Marie et Saint-Erasme.

128. Incendie de forêt.

Corte

129. La citadelle.
131. Statue du général Gaffori par Aldebert.
130. Castifao-Morosaglia. Statue de Pascal Paoli.

BASTIA

120. Chapelle Sainte-Croix. Annonciation.
121. Sur le marché de la place de l'Hôtel-de-Ville.
132. Les ports.
133. Eglise Sainte-Marie. Nef et chœur.
134. Eglise Saint-Jean Baptiste. Voûte du chœur.
135. Eglise Saint-Jean Baptiste. Autel.
136. Eglise Sainte-Marie et enceinte de la citadelle.
137. Au Vieux-Port.
138. Place Saint-Nicolas.
139. Dans la vieille ville.

140. Marine d'Albo.

141 à 143. Tombeaux familiaux à Ersa, Minerbio, Pino.

144. Barcaggio. Tour d'Agnello et îlot de la Giraglia.

TABLE DES CHAPITRES

Ont participé à l'illustration de cet ouvrage :

Jacques Alesani, Paris : nos 23, 24, 25, 30, 31, 33, 34, 38, 39, 40, 41, 42, 43, 46, 47, 48, 52, 99, 131.

Mikaël Audrain, Nantes : n° 107.

Paul Barnouin, Grenoble : n° 2.

Francis Burelli, Bastia : nos 108, 109, 110.

François Desjobert, Ajaccio : nos 60, 61, 62, 63, 66, 67, 101.

Loïc-Jahan, Châteauneuf-de-Grasse : nos 81, 87.

Henry Paillasson, Grenoble : nos 1, 3, 4, 5, 8, 11, 12, 13, 18, 19, 22, 26, 27, 28, 29, 32, 35, 36, 37, 44, 45, 49, 50, 51, 54, 55, 56, 57, 58, 59, 64, 65, 68, 69, 70, 71, 72, 75, 76, 77, 78, 79, 80, 88, 89, 90, 91, 92, 93, 94, 95, 96, 97, 98, 100, 103, 104, 105, 106, 111, 112, 113, 114, 115, 117, 118, 119, 120, 121, 122, 123, 125, 126, 127, 128, 129, 130, 132, 133, 134, 135, 136, 137, 138, 139, 140, 141, 142, 143, 144.

Alain Perceval, Paris : nos 14, 74.

Pierre Tétrel, Paris : nos 6, 9, 83, 84, 85, 86, 124.

Antoine Trincano, Lyon : nos 53, 82.

Robert Thuillier, Châtellerault : nos 10, 116.

Louis Trémellat, Marseille : nos 7, 17, 20, 21, 73.

Alfred Volk, Pfaffenrot : nos 15, 16, 102.

Clichés exclusivité ARTHAUD, opérateurs : Mikaël Audrain, Henry Paillasson, Antoine Trincano, Jacques Alesani.